2° F
104-80

ACADÉMIE DU CALVADOS.

FACULTÉ DE DROIT DE CAEN.

ACTE PUBLIC POUR LA LICENCE.

THÈSE

Qui sera soutenue publiquement, le Vendredi 6 Août 1852, à 4 heures du soir,

DANS LA GRANDE SALLE DE LA FACULTÉ DE DROIT,

Par Emile-Auguste DELAPORTE,

Né à Neuilly (Calvados) le 11 juin 1830.

CAEN,

IMPRIMERIE ADM. ET COM. B. DE LAPORTE ET Cⁱᵉ,
Rue Saint-Étienne, 120.

1852.

A MON PÈRE.

—————

A MA MÈRE.

—————

A MES SOEURS.

4° F
10780

F/85/77.
DON
74-00672
52

SUFFRAGANTS :

MM. TROLLEY, , *professeur, président.*
FEUGUEROLLES, *id.*
BAYEUX, *id*
CAUVET, *id.*

DONATIONS ENTRE ÉPOUX.

RÉSUMÉ HISTORIQUE.

Notre Code, dont la popularité européenne révèle le génie qui l'a conçu, cette compilation de règles d'un agencement merveilleux, d'une harmonie parfaite, est sans doute une œuvre nouvelle, dont notre siècle peut revendiquer la gloire ; mais la législation qu'il contient n'est pas née tout entière avec lui, les siècles précédents en ont posé successivement les bases, et c'est sur ces bases que les rédacteurs modernes ont édifié le droit nouveau qui nous régit. Les vieux principes ayant survécu aux anciens monuments de législation, mon travail serait incomplet s'il se bornait à l'examen superficiel des textes de loi, et je devrai, pour en approfondir le sens et l'esprit, remonter aux sources d'où ils dérivent. Sous ce rapport, l'historique de mon sujet m'a paru un préliminaire indispensable pour m'initier à son intelligence et me préparer à une discussion plus solide et plus sûre.

La propriété consiste dans le droit de jouir et de disposer. La do-

nation est un des priviléges de la propriété, elle participe de sa
nature, et comme elle, est du droit des gens, je n'aurai donc
pas à en rechercher l'origine. Je suivrai la donation entre époux
dans ses différentes phases. Je verrai soit les extensions, soit les
restrictions que lui a apportées alternativement le législateur. Tantôt, en effet, se préoccupant de l'influence que pourrait exercer
un des époux sur l'autre, il a craint que les donations qu'ils se
feraient ne fussent le fruit de la cupidité, l'effet d'une captation,
et il a rétréci le cercle de ces libéralités. Tantôt, au contraire,
présumant que l'affection des époux était nécessairement le mo-
bile des libéralités qu'ils pouvaient se faire (il lui était permis de
le supposer en présence d'une union aussi étroite, aussi respec-
table que le mariage), il les a entourées d'une grande faveur.

Nous ne possédons pas de notions précises sur la législation que
suivait notre pays avant la conquête romaine. Dès qu'il fut de-
venu sujet du grand empire, il partagea sa fortune, fut soumis
au même gouvernement, aux mêmes lois, jusqu'à l'invasion des
barbares. A ce moment la Gaule se divisa en deux grandes parties :
l'une, s'étendant plus particulièrement au Nord, fut la proie des
peuplades sorties de la Germanie, qui s'y établirent après avoir
refoulé la domination romaine, elle reçut leur législation ; l'autre,
située plutôt au midi, ne changeant point de maître, ne changea
point de législation.

Cette législation a traversé la longue période qui s'est écoulée
depuis la conquête romaine jusqu'à la Révolution de 1789, où
l'unité législative à commencé à régner en France, sans subir de
modification importante. Elle fera l'objet d'un chapitre spécial
que nous désignerons sous les titres de LÉGISLATION ROMAINE, —PAYS
DE DROIT ÉCRIT ; car c'est ainsi qu'on nomma les provinces du midi
qui la conservèrent, tout en se détachant de l'empire romain pour

s'incorporer à la France ; et ce, par opposition aux pays de Coutumes, régis par des statuts qui ne reposaient que sur la tradition.

Dans un second chapitre, je traiterai de la législation que les peuples germains donnèrent au pays qu'ils envahirent ; législation qui fut bouleversée par l'introduction de la féodalité, et qui fit place à autant de modes différents qu'il y eut de puissances formées du démembrement du pouvoir royal ; je diviserai ce chapitre en deux titres : Droit germain, Droit coutumier, qui désigneront deux époques où la législation fut différente.

Dans un troisième chapitre, je parlerai de la législation intermédiaire.

Dans un quatrième et dernier, je rapprocherai de ces différentes législations la législation actuelle, je verrai les changements qu'ont subi les donations entre époux, et j'exposerai en même temps mes propres appréciations sur la matière.

CHAPITRE I".

LÉGISLATION ROMAINE.—PAYS DE DROIT ÉCRIT.

A l'époque de la loi des Douze Tables, nous trouvons en usage à Rome deux sortes de mariages : l'un, le mariage *in manu*, le plus fréquent, le plus populaire, qui consacrait le pouvoir marital, ce pouvoir absolu que le mari exerçait sur sa femme et sur ses biens. Celle-ci était à l'instar d'une esclave ; ce qu'elle acquérait devenait la propriété du mari, elle ne pouvait rien posséder personnellement ; dès lors la prohibition qui frappait les donations entre époux en droit romain ne pouvait s'appliquer à ce mariage où les époux étaient dans l'impossibilité de se donner l'un à l'autre. Quel était donc l'autre mariage auquel devait sans doute se rap-

porter ce principe ? C'était le mariage libre, réservé aux personnes
de distinction, et ainsi appelé parce qu'il consacrait, à la différence
du premier, l'indépendance des deux époux, la séparation de leurs
patrimoines. Les matrones échappant à la domination de leur
mari, ne confondaient pas leur avoir avec le sien, et conservaient
l'administration, ainsi que la libre disposition de leur dot. Dans
ce mariage, les donations entre époux n'étaient plus impossibles,
mais elles étaient prohibées. Cette prohibition reposait sur des mo-
tifs raisonnables ; on craignait que les donations entre époux
n'eussent pour effet de dépouiller l'un au profit de l'autre, d'ap-
pauvrir celui que dominait l'affection, d'enrichir celui que dominait l'avarice. Peu à peu, la distinction s'effaça entre les deux
mariages ; la *manus maritalis* perdit son caractère de despotisme et
devint un pouvoir plus humain, plus conforme à la dignité de la
femme. Les droits du mari furent restreints, quant à la personne
et quant aux biens. En même temps qu'on lui ôta le droit de vie
et de mort sur la femme, on ne lui laissa plus que l'administration
de ses biens. Il eut donc l'administration de la dot que la femme
apportait pour subvenir aux charges du ménage.

La dot, bien qu'elle fût sujette à restitution, n'en était pas moins
un avantage, que la femme conférait au mari, une véritable donation. Examinons-donc rapidement ce qui concernait la dot, quelle
condition, quelles garanties y étaient attachées. Il y avait deux
espèces de dot, la dot *profectice* que la femme recevait de son père
ou de son aïeul, et que l'un ou l'autre fut tenu de lui constituer sous
peine d'infamie d'abord et ensuite de contrainte légale, et la dot
adventice qu'elle se constituait sur ses propres biens ou sur ceux que
lui abandonnait un tiers. Le mari était obligé de la conserver ; il ne
devait ni l'aliéner ni l'hypothéquer, cependant aucune loi ne le lui
défendait encore expressément. Ce fut la loi Julia qui le fit en termes
formels ; le mari ne put aliéner la dot sans le consentement de la

femme, et il ne peut l'hypothéquer même avec ce consentement.
Depuis que deux autres lois, les lois Papia et Poppæa avaient posé en
principe la nécessité de la dot, les filles non dotées, *indotatæ*, et les
veuves ne se mariaient pas ou se mariaient très difficilement. La
loi Julia voulut parer autant que possible à cet inconvénient, elle
pourvut au mariage des veuves en obligeant les maris à conserver
la dot de leurs femmes pour qu'elle leur fût restituée à la dissolution
du mariage. Cette restitution était rigoureusement exigée à ce
moment, si bien que le mari n'en était pas dispensé lors même qu'il
l'avait faite auparavant; c'est qu'il y avait de plus que l'intérêt de
la femme, un intérêt politique : « *Reipublicæ interest mulieres dotes
salvas habere propter quas nubere possunt.* » La conservation de la
dot était donc commandée en vue des seconds mariages, elle avait
moins pour objet le sort des conjoints que l'espoir d'une famille, l'accroissement de la population. Sur quoi portait la restitution de la
dot? Ici se place une distinction que l'on faisait entre les biens
qu'elle comprenait; les uns étaient estimés, les autres non estimés.
Quant aux biens dont l'estimation avait été jointe au pacte matri-
monial, le mari n'était redevable que de la valeur mentionnée au
contrat; pour les biens non estimés, il était tenu de les restituer en
nature. Cependant il pouvait retenir une portion de la dot pour subvenir à l'éducation de ses enfants; Valentinien lui donna droit à la
moitié.

La seule condition exigée pour que la dot fût définitive était la
célébration du mariage, elle était donc constituée auparavant, mais
elle pouvait être augmentée ensuite.

Elle était garantie par un privilége qui était accordé à la femme
sur les biens de son mari, cependant les créanciers antérieurs au
mariage lui étaient préférés.

Sous Justinien, la dot ne fut plus nécessaire, si ce n'est pour les citoyens riches. Elle put non-seulement être augmentée, mais constituée pendant le mariage. Justinien se préoccupa des époux pauvres qui n'avaient pu stipuler de dot, et il décida que le survivant aurait droit, si c'était la femme, à une portion en propriété, et si c'était le mari, à une portion virile en usufruit sur les biens du prédécédé.

Si l'on se pénètre de l'esprit de la législation romaine, on sera frappé d'une idée qui en jaillit, d'un vœu dont elle poursuit la réalisation ; c'est l'égalité des avantages entre époux. (Nous ne sommes plus au berceau de Rome ; la civilisation depuis a fait du chemin.) La dot, donation de la femme au mari, appelait comme compensation une libéralité du mari à la femme. Ce fut Caracalla qui le premier l'introduisit. Il la déclara valable, pourvu que le donateur ne l'eût pas révoquée avant sa mort ; c'est-à-dire qu'il fit dépendre cette libéralité de la reconnaissance de l'époux donataire. La donation et la dot furent un don mutuel entre époux ; elles furent déterminées d'après une même proportion, assujéties à des règles communes. De même que la dot, la donation fut faite d'abord avant et sous la condition du mariage ; elle s'appela alors *donatio ante nuptias* ; elle fut perdue pour la femme dans le cas de divorce arrivé par sa faute ; si elle convolait à de secondes noces et qu'elle eût des enfants de son premier mariage, son droit sur la donation se réduisait à l'usufruit ; la propriété passait aux enfants. Valentinien concéda à la femme survivante la moitié de la donation, de même qu'il avait attribué au mari survivant la moitié de la dot. Nous voyons donc de tout temps les règles de la donation se modeler sur celles de la dot, et nous rencontrons entre ces deux libéralités une assimilation de plus en plus complète.

Sous Justinien, les modifications que subit la dot s'étendirent à la donation. Ainsi, elle put être constituée après le mariage, et prit alors le nom de *donatio propter nuptias.* Comme la dot, elle consista dans un usufruit dont la femme survivante eut la jouissance jusqu'à sa mort ; la propriété des biens dont elle se composait fut dévolue aux enfants, encore qu'ils eussent renoncé à la succession de leur père.

Cette libéralité n'était garantie par aucune hypothèque ; cependant si elle se composait d'immeubles, le mari ne pouvait l'aliéner, ni l'engager, et s'il tombait en déconfiture, la femme pouvait la réclamer.

Outre les donations entre époux, les empereurs permirent une autre espèce de donation, appelée *sponsalitium,* que les fiancés se faisaient entre eux et qui n'était pas subordonnée à la célébration du mariage. Aussi le droit de retour ne s'exerçait qu'autant qu'il avait été stipulé. La femme acquérait cette donation par le baiser qu'elle accordait à son fiancé, comme gage de l'amour qu'elle vouait à son futur époux ; s'il venait à rétracter sa promesse, elle ne gardait pas moins le bienfait ; elle en prélevait la moitié, s'il mourait avant le mariage. Au contraire, le mariage était-il manqué par la faute de la femme, elle retenait la moitié de la donation comme prix de la faveur qu'elle avait accordée ; et si elle mourait, le tout appartenait à ses héritiers. Les règles concernant la conservation et la restitution de la dot s'appliquaient à cette libéralité, et l'administration des biens dont elle se composait était entre les mains du mari.

Telle était la législation romaine, telle fut la législation de la Gaule. Elle enveloppa, d'abord, tout son territoire et se concentra ensuite dans sa partie méridionale. Il me reste à suivre cette législation, durant tout son règne, dans la Gaule, dans les pays de Droit écrit, en indiquant les innovations peu nombreuses qu'elle admit.

Le premier monument de la législation qui régit la Gaule après sa conquête par César, fut le Code Théodosien que remplaça en reproduisant presque ses dispositions, le bréviaire d'Alaric. Nous trouvons donc en usage chez les Gaulois, la donation *ante nuptias*, la donation *sponsalitium*, et ces libéralités sont soumises aux règles que nous avons déjà citées.

On voit s'introduire en Gaule un don qui n'était pas en usage chez les Romains et qui nous paraît emprunté aux mœurs germaniques ; c'est ce qu'on appelle le *dotalitium*, donation qui est faite après les fiançailles et avant la célébration du mariage. Mais ce don et le *sponsalitium*, la donation *propter nuptias* les résumait tous deux, puisqu'elle pouvait être constituée avant comme après le mariage ; aussi ces diverses dénominations finirent-elles par disparaître.

La donation *propter nuptias* se transforma à son tour dans une nouvelle combinaison qu'on appela *l'augment* de dot. Il n'y avait encore que le nom de changé; la libéralité était la même, si ce n'est que l'augment de dot n'était pas nécessairement égal à la dot. Quant au reste, l'augment et la donation ne faisaient qu'un, l'augment consistait comme la donation dans un gain de survie, et les règles qui le concernaient étaient dans une parfaite équation avec celles de la donation.

Nous avons fini l'explication des libéralités entre époux dans le Droit romain, car nous n'avons fait jusque-là que suivre son développement, en nous plaçant seulement sur des points différents, d'abord à Rome, puis en Gaule, dans les pays de Droit écrit. Nous avons eu bien peu de changements à signaler, et cependant nous avons parcouru une période de plus de quinze siècles. Nous aurions pu citer quelques ordonnances qui ont été rendues sur notre sujet, mais nous l'avons cru inutile parce qu'elles ne renferment que des dispositions de détail qui n'on rien changé au fond du Droit. Comment cette législation s'est-elle transmise ainsi sans altération durant un si long espace de temps? comment a-t-elle pu rester intacte au milieu des luttes intestines qui ont bouleversé la face du pays ? Ce qui l'a fait survivre aux révolutions intérieures, ce qui l'a sauvée de la ruine du temps, c'est sa méthode, c'est l'affinité, l'enchaînement de ses parties, c'est la logique avec laquelle elle procède. J'ai déjà expliqué la réserve avec laquelle le Droit romain autorisait les libéralités entre époux, il craignait un renversement dans la fortune respective des conjoints ; c'est pour cela qu'il leur défendait de s'avantager plus l'un que l'autre. Il voulait qu'ils participassent également aux charges et aux jouissances de la vie commune, enfin qu'ils fussent associés dans le bonheur ainsi que dans l'adversité.

Hoc unum conjux, uteri per pignora nostri
Unum oro, liceat tecum quocumque ferentem
Terrarum pelagique pati cœlique labores.

SIL. ITAL.

CHAPITRE II.

DROIT GERMAIN.—DROIT COUTUMIER.

DROIT GERMAIN. — Partout où Rome promena sa puissance, elle marqua le sol de son empreinte, elle y déposa le germe de ses institutions et de ses lois. La Germanie, à la suite des hostilités qu'elle eut à soutenir avec elle, recueillit et s'appropria les idées romaines, et sa législation va nous révéler l'influence qu'elles exercèrent. Cette législation se déplaça, ai-je dit, et vint siéger dans le nord de la Gaule, où les Germains fixèrent leur établissement. Au contact de la législation romaine à laquelle elle se liait si étroitement, elle s'identifia avec elle et s'y incorpora ; mais elle se développa aussi séparément et dans sa propre sphère. Je n'aurai besoin de la considérer que sous ce dernier rapport, c'est-à-dire dans son individualité, et je me demanderai quel système elle professait sur les donations entre époux.

La législation germaine traitait la femme en esclave, elle la livrait à la discrétion du mari comme sa propriété, sa chose. Le mariage n'était pas seulement une vente fictive comme en droit romain; il réunissait toutes les conditions de ce contrat; le prix de la femme était stipulé. Ce prix n'était pas unique. Le mari devait préalablement acheter le consentement des parents au mariage de leur fille, ou leur payer une indemnité s'il l'épousait contre leur consentement; dans ces deux cas le prix qu'il donnait s'appelait *meta*. On exigeait encore de lui le *mundium*, qui était plus spécialement le prix de la femme et qui avait pour effet de la faire passer sous la puissance maritale; le droit absolu sur la femme que le mari acquérait par le *mundium*, se changea plus tard en un pouvoir protecteur, une simple tutelle. Cette *coemption* de la femme se compliquait par suite de certaines circonstances; avait-elle volontairement ou non abandonné son fiancé, celui-ci pouvait réclamer au mari une indemnité; avait-elle de même abandonné son mari, celui-ci avait droit à une récompense de la part du mari qui lui était substitué. Ainsi, la femme n'était en sûreté contre la passion brutale des hommes, ni avec ses parents, ni avec son mari. Ceux-ci se consolaient par un peu d'argent de sa dignité perdue, de sa pudeur avilie! Ce lucre misérable leur fut enlevé, mais il ne fut pas aboli; il devint l'apanage de la femme, ou la palme offerte à son immortalité!

Le mariage n'était donc qu'un trafic où son honneur était vendu à l'encan; l'association conjugale n'était qu'une sorte de prostitution! Quoi qu'il en soit, ces avantages qui livraient la femme au pouvoir de leur auteur, furent l'origine honteuse de la dot. Sans elle, il n'y eut point de mariage possible, *nullum sine dote conjugium.* Toute union contractée au mépris de cette loi était un concubinat, et les enfants qui en naissaient étaient considérés comme enfants naturels. Le symbole du mariage, au contraire, c'était la stipulation de dot ; elle seule conférait le titre d'époux. Le contrat moral et le contrat pécuniaire s'absorbaient l'un l'autre, ou plutôt, de contrat moral, il n'y en avait point. Les Germains, dont l'âme gémissait sous le poids d'un matérialisme profond, ne voyaient dans l'association conjugale qu'un lien temporel qui asservissait l'un des époux à l'autre. Leur imagination ne pouvait atteindre à la philosophie du mariage. Mais bientôt ils furent frappés d'une vive lumière, leurs yeux se dessillèrent, les ténèbres de leur intelligence s'évanouirent devant le flambeau d'une foi nouvelle. Le christianisme apprit aux époux leurs devoirs ; il mit la femme sous la protection du mari ; ce ne fut plus une concubine, ce fut une compagne dévouée, dont la tendresse et le dévouement élevèrent l'amour jusqu'à la vertu. Désormais la cérémonie religieuse du mariage fut la consécration de l'union morale, le pacte conventionnel ne régla que les intérêts pécuniaires.

La dot continua de subsister, elle ne fut pas constituée sous la condition de survie, elle était la propriété des enfants ; quand il y en avait, le mari était tenu de la leur conserver, cependant il prélevait à la mort de la femme une portion des biens qui la composaient.

Le Droit germain n'admettait qu'une espèce de donation du mari à la femme, le *morgengab*, ou don du matin, que l'époux offrait à l'épouse après la première nuit des noces, en présence de ses parents et de ses amis. Mais ce don n'était pas essentiellement gratuit, il tenait de la nature de ces récompenses primitives qui affichaient la vénalité de la femme ; en un mot, ce n'était qu'un échange....

Ce reflet des âges précédents se dissipa sous l'inspiration religieuse, et la réforme morale opérée, le morgengab fut un véritable hommage que la poésie, dans sa langue divine, surnomma le prix de l'innocence et de la beauté, *pretium defloratæ virginitatis.* Ce don, privilége de la jeune fille, et dont la veuve était exclue de plein droit, constituait un gain de survie dont la jouissance n'appartenait à la femme qu'à la mort du mari.

La dot et le morgengab se confondirent ensemble, et de la combinaison de leurs caractères sortit un nouveau système, le *douaire,* qui fut constitué en faveur de la femme. Nécessaire comme la dot, il consista, comme le morgengab, dans un usufruit. Il fut d'abord dû après la première nuit des noces. *Au coucher femme gagne son douaire* n'est qu'une formule dérivée du *pretium defloratæ virginitatis.* De même que ses expressions sont plus larges, son application fut plus étendue, et le douaire fut accordé aux veuves.

Le but de cet avantage fut de maintenir la femme après la mort de son mari dans une position égale à celle qu'elle avait auparavant : la mort du mari est toujours pour la femme qui lui survit, non-seulement une perte d'affection, mais encore une perte de fortune ; elle est privée des ressources que lui procurait son industrie, je parle du cas le plus général, elle est privée de son administration, c'était pour lui venir en aide, pour l'empêcher de tomber au-dessous de son rang que l'on attribuait à la femme douairière un usufruit sur une portion des biens du mari. Il était engagé si ce n'était dans sa personne, du moins dans ses biens, à assurer à la femme une existence honorable.

DROIT COUTUMIER. — Les Coutumes ne laissèrent pas les époux libres d'arbitrer eux-mêmes les avantages qu'ils jugeraient à propos de se faire. Cette législation resserra dans des limites assez étroites les donations entre époux ; en revanche elle institua au profit du survivant d'eux des droits sur la fortune du prédécédé, qu'à défaut de conventions, elle prit soin de déterminer. Voyons d'abord les donations qu'elle autorisait, puis nous passserons aux avantages qu'elle conférait officieusement au survivant des époux.

En thèse générale, les donations entre époux étaient permises par contrat de mariage. D'après un ancien usage, la femme apportait à son mari un don appelé *maritagium*, consistant en meubles ou en immeubles, et qui était constitué à la porte de l'église en même temps que le douaire. C'était la dot de la femme ; le mari en avait la jouissance à charge de payer ses dettes mêmes antérieures au mariage, comme conséquence de ce principe que *qui épouse la femme épouse les dettes.*

Les Coutumes ne font pas mention de cet apport.

Les époux purent stipuler dans leur contrat de mariage des libéralités au profit l'un de l'autre, et la quotité dont il leur fut permis de disposer ainsi différa suivant les Coutumes. Cette quotité était dans les Coutumes de *Tours, d'Anjou,* de la totalité des meubles à perpétuité, de la moitié des acquêts en usufruit ; dans la Coutume du *Maine,* de la totalité des meubles à perpétuité, des acquêts et des conquêts à viage en cas d'existence d'enfants, et sans enfants du tiers du patrimoine des époux. Dans la Coutume de *Blois,* le don fait en propriété des meubles et des immeubles se changeait en usufruit au cas de survenance d'enfants, et l'héritage ainsi donné faisait retour aux héritiers après la mort de l'époux usufruitier. Je n'entreprendrai pas de passer en revue toutes les Coutumes pour indiquer dans chacune d'elles l'importance que pouvait atteindre la donation ; citons en deux encore pour l'extrême latitude qu'elles accordaient aux époux ; celle de *Dunois,* où ils pouvaient se donner tous leurs biens, meubles, immeubles, en usufruit ou en propriété, qu'il y eût ou non des enfants ; celle du *Poitou*, où ils pouvaient ajouter à cela le tiers de leurs propres. Ainsi la donation par contrat de mariage embrassait soit des biens en usufruit, soit des biens en nue propriété, ou cumulait l'un et l'autre. Faite en vue du mariage, elle n'était confirmée que par sa célébration.

Les époux ne peuvent, pendant le mariage, s'avantager que par don mutuel.

Tel était le principe adopté par la généralité des Coutumes, principe emprunté à l'esprit de la législation romaine. Quelques Coutumes ne se contentaient même pas de la réciprocité des avantages entre époux, pendant le mariage ; elles allaient jusqu'à exiger qu'ils fussent égaux, à peine de nullité. Mais les dons, quoique réciproques et quoique de même quotité, n'étaient pas égaux si l'un des époux paraissait plus assuré d'en jouir que l'autre. Aussi la Coutume d'*Auxerre* les infirmait-elle lorsqu'il y avait à l'égard de l'un des époux présomption de survie ; elle ne les reconnaissait capables de se donner qu'autant qu'ils étaient *d'âges égaux*, les autres Coutumes, au contraire, ne subordonnaient cette capacité qu'à la condition de *sanité de corps et d'esprit*. Cependant, entendons nous, la Coutume d'*Auxerre* réputait les âges égaux pourvu qu'il n'y eût pas une différence de plus de quinze ans entre les époux.

A ce principe que les dons mutuels étaient seuls permis pendant le mariage, il faut citer une exception remarquable. La Coutume d'*Auvergne* n'admettait que la donation du mari à la femme.

La quotité des donations mutuelles varie suivant qu'il existe ou non des enfants : plusieurs Coutumes, comme celles de *Tours*, d'*Anjou*, du *Grand-Perche* ne les reconnaissent pas lorsqu'il existe des enfants. En cas d'excès, les libéralités entre époux sont réduites à la quotité assignée par les Coutumes.

Elles peuvent être révoquées par le consentement réciproque des époux, cependant la Coutume du *Poitou* ne demande à celui qui veut révoquer que de notifier à son conjoint sa révocation en tel temps qu'il lui plaira, *pourvu*, ajoute la Coutume, *que ce soit avant sa mort*. Toute autre donation que la donation mutuelle, quand elle est permise, peut être révoquée jusqu'à la mort du donateur. Elle lui fait retour quand le donataire prédécède sans enfants.

Ces donations emportent pour le survivant donataire l'obligation de nourrir, d'élever les enfants, de jouir en bon père de famille, quelquefois de fournir caution ou de faire inventaire. La Coutume de *Blois* impose au survivant la condition de fournir caution quand il convole à de secondes noces; dans le même cas, la Coutume de *Bretagne* lui fait perdre la donation d'immeubles.

On connaît l'adage particulier à la matière des donations, *donner et retenir ne vaut*. Il s'appliquait aux libéralités entre époux, si ce n'est celle faite par contrat de mariage; cependant on ne considérait pas la réserve de l'usufruit des biens donnés comme faisant échec à ce principe. Un autre adage apportait encore une restriction aux dispositions entre époux, c'était celui-ci: *Donation pour cause de mort ne vaut*; et on annulait généralement toutes les donations faites par l'époux, durant la maladie dont il décédait. Il fallait au moins qu'il vécût cinquante jours après la donation pour qu'elle fût valable. Cependant la Coutume de *Bourbonnais* admettait la donation à cause de mort, et celle d'*Auvergne* la reconnaissait pour la quarte partie des biens du disposant. Les Coutumes de *Senlis*, de *Bretagne*, de *Blois*, défendaient aux époux de se donner par testament.

La donation par contrat de mariage saisit au jour du décès, d'après quelques Coutumes, la donation mutuelle saisit le donataire au jour du décès; d'après d'autres, il est obligé d'en demander la délivrance à l'héritier.

Les donations de biens présents et à venir furent reconnues

par certaines Coutumes, prohibées par les autres et définitivement abrogées par l'ordonnance de 1731. Les établissements ne permirent les donations entre époux qu'avant le mariage ou par testament.

Douaire.—Le douaire, avons-nous dit déjà, était un gain d'usufruit constitué en faveur de la femme ; cependant les maris ne furent pas absolument exclus de ce privilége. Nous verrons qu'en Normandie existait un droit pour les maris appelé *droit de viduité* qui n'était autre chose que le douaire. Dans la plupart des Coutumes, s'ils n'avaient pas un droit de ce nom, ils en avaient un de même nature, qui consistait dans un usufruit sur les biens de la femme prédécédée.

L'origine du douaire est fort ancienne. On en trouve des vestiges dans Tacite. Les Capitulaires en faisaient une obligation. Il n'avait lieu que dans le mariage légitime, mais alors il était rigoureusement exigé. Depuis Philippe-Auguste, on connut deux sortes de douaire : *le douaire coutumier*, qui était réglé par la Coutume, et *le douaire conventionnel* dont les parties fixaient la composition. Cependant, ils n'étaient pas consacrés par toutes les Coutumes ; la Coutume de *Xaintonge* ne laissait pas aux époux l'option de ces deux douaires ; elle réservait aux nobles le douaire coutumier, aux roturiers le droit conventionnel. La Coutume de *Bretagne* ne reconnaissait que le douaire coutumier, tandis que celle de la *Marche* n'admettait que le douaire conventionnel.

Le douaire coutumier se compose du tiers ou de la moitié des immeubles que le mari possède au jour du mariage ; du tiers ou de la moitié de ceux qu'il acquiert et qui lui échoient pendant le mariage, par succession ou autrement ; enfin, la femme, au cas où le mari prédécède ses parents, a un douaire qu'elle prend dans la même proportion sur les héritages qu'il eût recueillis. Mais si la femme est héritière, elle ne prendra de douaire qu'autant qu'il aura été conventionné (*Anjou, Maine*). Ce douaire est susceptible d'accroissement sur les biens dont le mari a l'usufruit, quand la propriété se confond dans ses mains avec cet usufruit. Avant la venue du christianisme, on disait qu'il était acquis à la femme après la première nuit des noces; mais lorsque le mariage, affranchi des rites grossiers dont il était entouré, reçut la sanction de l'Église, le douaire fut dû après la bénédiction nuptiale.

Le douaire de la seconde femme est le même que celui de la première, s'il n'y a pas d'enfants du précédent mariage; il s'accroit, d'après la mesure que j'ai indiquée, sur les héritages que le mari a acquis, soit à titre gratuit, soit à titre onéreux, après le trépas de la première femme; et ainsi des mariages suivants.

Bien que le contrat de mariage contienne stipulation de douaire, la femme aura toujours la faculté d'opter entre le douaire coutumier et le douaire conventionné. Elle aura quarante jours après le décès de son mari pour signifier son option à l'héritier ou à justice; si elle ne le fait pas, elle devra se tenir au douaire conventionné, encore qu'il soit moindre que le douaire coutumier (*Tours, Anjou, Maine*). La femme aura aussi l'option entre son douaire et les libéralités que lui aura faites le mari; mais elle ne pourra cumuler l'un et l'autre. Cependant la Coutume de *Paris* déclare que la femme pourra profiter de ces libéralités sans être déchue du douaire conventionné. Dans le cas où le douaire dépassera la quotité à laquelle il peut s'élever, les héritiers pourront faire opérer la réduction. Suivant certaines Coutumes, la femme est saisie de plein droit de son douaire; suivant d'autres, elle doit en demander la jouissance par sommation faite aux héritiers.

La femme peut perdre son douaire de deux manières; par sa mauvaise conduite pendant ou après le mariage, par son convol à un second mariage dans l'année de deuil.

Le douaire est inaliénable ; le mari ne pourra vendre les biens qui y seront soumis qu'autant que, du consentement de la femme, il en grèvera d'autres biens représentant la même valeur. S'il vend sans l'autorisation de la femme, et que, d'ailleurs, il ne laisse pas de biens suffisants pour parfaire le douaire de celle-ci, le contrat sera révocable à son gré, et elle pourra poursuivre les biens vendus entre les mains des acquéreurs. Dans la Coutume d'*Amiens*, le douaire de la femme est garanti par une hypothèque privilégiée sur tous les biens du mari. Cependant, elle ne prélève pas le douaire franc et quitte de toutes charges. En Normandie, le douaire, qui se compose du tiers des immeubles du mari, est affecté au paiement des dettes immobilières et hypothécaires, et la femme n'a pas la liberté d'y renoncer, si ce n'est avant le mariage.

Dans les Coutumes où les principes du droit germanique étaient en vigueur, la femme survivante avait un droit de viduité qui lui procurait la jouissance des biens de son mari. Cette jouissance était réduite de moitié dans le cas où elle se remariait, qu'elle eût ou non des enfants.

COUTUME DE NORMANDIE.

Sans examiner cette Coutume dans ses analogies avec les autres, elle contient des dispositions assez remarquables pour mériter, nonobstant leur importance locale, d'être placées dans un cadre particulier.

Mariés ne se peuvent avantager.

Tel est un des principes formulés par cette Coutume. Je n'ai vu nulle part un exemple d'une si grande rigueur, ni dans les Coutumes, ni dans la législation romaine, qui permettait, du moins entre époux, les donations à cause de mort et les donations testamentaires. Cette Coutume, qui consacre comme les autres le douaire de la femme, ne va-t-elle donc établir aucune compensation en faveur du mari ? va-t-elle laisser à sa charge, sans dédommagement, les dépenses du ménage ? Non, elle autorise la donation de la femme par contrat de mariage ; elle peut disposer pour son mari de ses meubles et du tiers de ses immeubles. C'est ce qu'on appelle le *don mobil*. Il jouit de plusieurs immunités, il échappe à l'application de la maxime : *Donner et retenir ne vaut.* Il peut comprendre des biens présents et à venir, et n'a pas besoin pour être valable de l'acceptation du donataire.

Quel pouvait être le don mobil de celui qui épousait une veuve ayant des enfants ? Il égalait la part à laquelle avait droit l'un des enfants le moins prenant. Sa quotité se calculait sur le nombre d'enfants existant au jour du décès de la femme, et non au jour de la stipulation de la libéralité. Le don mobil à un second mari ne pouvait donc se déterminer ni à l'époque du mariage, ni à l'époque de sa dissolution, mais à l'époque du décès de la femme. Il n'avait pas lieu de plein droit. La fille mineure ne pouvait le stipuler qu'avec l'autorisation de ses parents ou de ceux qui l'assistaient pour son mariage.

Le don mobil en cas de prédécès du donataire faisait retour à la donatrice.

La Coutume de Normandie reconnaissait encore un autre droit ; c'était le droit de viduité, ou le douaire des maris. Il n'existait pas ailleurs, si bien que le mari qui en jouissait n'aurait pu l'exercer sur des biens appartenant à sa femme et situés hors de Normandie. Il portait sur tout le revenu qu'avait la femme lors de son décès, et il était dévolu au mari *ayant eu enfant né vif* de sa femme. Il n'était pas nécessaire, du reste, que cet enfant vécût après la dissolution du mariage pour qu'il y eût lieu à l'exercice de ce droit. De même qu'il prenait naissance avec la viduité du mari, il cessait avec elle, que le mari fût mort ou qu'il eût contracté un nouveau mariage.

CHAPITRE III.

DROIT INTERMÉDIAIRE.

Les Coutumes veillaient sérieusement à la conservation des propres dans les familles. On le conçoit. La féodalité avait établi entre les terres et les personnes une sorte de dépendance et de solidarité ; les terres avec leurs priviléges étaient l'apanage de la noblesse, les terres avec leurs servitudes le patrimoine de la bourgeoisie ; les unes apportaient avec leur revenu un trésor de titres et de dignités; les autres subissaient une dépréciation énorme en raison des droits seigneuriaux auxquels elles étaient affectées ; toute subversion était impossible, l'ordre politique était intéressé à ce que ces deux sortes de biens fussent consolidés sur la tête de ceux qui les possédaient.

La Révolution de 89 renversa le système féodal. Elle proclama l'égalité des individus, et ils furent appelés sans distinction aux honneurs et aux charges de l'Etat ; elle déclara la franchise et la libre disposition de tous biens, et les propres furent relevés de cet interdit qui les frappait d'inaliénabilité. C'était une grande conquête ; mais la Révolution fut emportée trop loin dans son œuvre régénératrice, elle tomba d'un excès dans l'autre; à une sujétion sans bornes, elle substitua une liberté et une égalité illimitées. C'est ainsi que dans le mariage, elle abolit la puissance maritale, reconnut le divorce et accorda les mêmes droits aux enfants naturels qu'aux enfants légitimes.

Le développement de la liberté fut favorable aux avantages entre époux; cependant bien que les prohibitions de l'ancien Droit fussent abolies , ces avantages furent encore circonscrits dans de certaines limites. Les donations par contrat de mariage subsistèrent et furent exemptes du rapport. La loi du 17 nivôse de l'an 2 n'admit les époux qu'à se donner un usufruit en cas d'existence d'enfants. Quant aux donations antérieures, les époux purent les retenir intégralement lorsqu'ils n'eurent pas d'enfants; dans le cas contraire, s'ils s'étaient donné un usufruit, ce don ne put être maintenu que jusqu'à concurrence de la moitié de leur revenu ; et si la donation consistait en immeubles, elle ne fut valable que pour l'usufruit de ces biens. Le douaire et l'augment furent compris dans cette disposition.

Les lois du 17 nivôse de l'an II, du 5 brumaire de l'an VII, sont, en ce qui concerne les donations entre époux, les principales du droit intermédiaire. Cette dénomination ne saurait s'employer avec plus d'à-propos; elle nous indique, en effet, une époque transitoire entre deux régimes dont l'un venait d'être renversé, dont l'autre était à créer. Cette transition ne se fit pas sans choc, sans commotion, et nous avons tous présents à la mémoire ces sanglants épisodes qui se sont passés sous les yeux même de nos contemporains. Comment auraient-elles pu se défendre contre toute exagération, les lois qui surgissaient au milieu de la tourmente révolutionnaire, au milieu de la lutte que se livraient deux mondes d'idées ? N'étaient-elles pas, du reste, un provisoire comme tout ce qui se produisait alors ? Attendons que l'orage se soit apaisé, attendons qu'une main puissante ait vaincu l'anarchie, et alors s'accompliront, dans le calme de la discussion, ces magnifiques travaux législatifs du Conseil d'Etat.

CHAPITRE IV.

CONCLUSIONS.

Le mariage renferme un intérêt d'ordre public des plus élevés. C'est par lui que les sociétés renaissent, c'est par lui qu'elles font provision de force et de jeunesse pour continuer l'œuvre de civilisation et de progrès qui est la loi de leur destinée. Le législateur a pour mission de leur tracer des règles de conduite, en ayant soin qu'elles soient en harmonie avec cette loi supérieure que la Providence leur a faite. Le mariage étant la condition première de l'existence des sociétés, est indispensable à l'accomplissement de leur destinée; il fallait donc l'encourager, l'entourer d'une protection toute spéciale. De là, les donations par contrat de mariage des époux entre eux, des tiers aux époux, et ce tempérament apporté à la rigueur des principes qui régissent les donations ordinaires. Le législateur les a regardées comme le moyen le plus efficace de stimuler au mariage, aussi les a-t-il consacrées à toutes les époques. Ce n'est pas qu'il ait été dans son esprit d'enchaîner deux époux par le seul appât des richesses ; il n'a envié qu'une chose, leur bien-être. Si donc nous voyons résulter beaucoup d'inconvénients des donations entre époux, n'en faisons pas le reproche à la loi ; non, ce n'est pas elle qui fait du mariage un lucre, une spéculation ; ce n'est pas elle qui anéantit le lien moral qui doit le sceller ; elle veut récompenser l'affection des époux, et non pas mettre l'avarice à sa place. Il est vrai que les donations, les dots sont le principal instrument des mariages ; que notre siècle pourrait répéter à son adresse le mot du comique latin : *Virgo sine dote illocabilis !* La dot est l'objet direct du mariage, la femme l'accessoire (1) !

(1) « Quant à l'amour, c'est autre chose. Nous conviendrons qu'il est à haut prix aujourd'hui, et que les grâces et les vertus d'une jeune fille sont peu de mise chez nous, quand elles ne peuvent pas compléter, en bons deniers dotaux, un joli sens d'éligibilité. Mais de quoi diable s'avisent les prolétaires d'avoir des filles aimables et sages, et les petits propriétaires de s'enticher des enfants du pauvre, comme au temps du roi Pélage. Nous l'avons dit à la tribune sans être contredits : Quiconque n'est pas riche, n'est pas digne de l'être. —Il est si aisé de le devenir !

Heureusement l'amour moral, qui est bon à amuser l'oisiveté sentimentale

Encore une fois n'accusons pas la loi, accusons l'ambition humaine. C'est elle qui raisonne, qui calcule, pèse les avantages pécuniaires qui accompagneront le mariage ; le cœur n'est pour rien dans cet acte, l'intérêt seul est tout. Est-il étonnant que des mariages ainsi contractés avec toute les solennités préalables, mais sans la sanction principale, l'union des époux, soient la source de tant d'infortunes, de tant de souffrances ? Et qu'est-ce que cela prouve ? qu'il faut rejeter les donations par contrat de mariage ? Non, leur utilité est incontestable et nous l'avons posée en principe : cela prouve qu'elles ne doivent pas seules déterminer au mariage, et qu'il ne faut pas réduire l'importance de cet acte à une question pécuniaire.

Le Code Napoléon a à peu près fixé la quotité des donations entre époux par contrat de mariage comme l'avaient fait toutes les Coutumes. En l'absence d'enfants, il l'a un peu étendue, tandis qu'il l'a un peu restreinte, en cas de survenance d'enfants. Dans la première hypothèse, les Coutumes mettaient sur la même ligne, quant aux libéralités que l'époux pouvait leur faire, le conjoint et l'étranger ; notre législation a rompu cette uniformité en faveur du conjoint, et a décidé qu'il pourrait recevoir de plus que l'étranger l'usufruit des biens indisponibles du donateur. Pour la seconde hypothèse, les Coutumes et nos lois actuelles se rencontrent ; elles s'accordent à réduire la quotité disponible entre époux ;

d'un peuple arriéré sur la civilisation, n'est que le plus insignifiant des hors-d'œuvre chez les peuples positifs. Toutes ces fantaisies de cœur, propres aux âges de spéculation où l'on a le temps de sentir, passent pour folies dans les âges de supputation où l'on n'a que le temps compter. Ce que nous aurons de mieux à vous offrir en ce genre, c'est la loi du divorce, qui est un adultère légal, et, au besoin, la communauté des femmes, qui est un adultère social beaucoup plus commode que tout ce qu'on avait imaginé avant nous. Peut-être est-ce là de l'amour ?...... »

CHARLES NODIER (Ecrit en 1832).

il ne serait pas juste, en effet, que le survivant pût absorber la propriété partielle, le revenu total de la fortune du prédécédé, que les
enfants n'y prissent aucune part, lors même qu'il seraient peut-être
à la tête d'une nouvelle famille, grevés de charges nombreuses.

Notre Droit se rapproche encore du Droit coutumier en ce qui
concerne les donations faites à un nouveau conjoint par un époux
qui a eu des enfants d'un précédent lit. En effet, l'art. 1098 reproduit une disposition de la Coutume de Normandie qui s'appliquait aux donations par contrat de mariage seulement, celles
pendant le mariage étant prohibées. La quotité de ces libéralités
variait suivant le nombre d'unions contractées par l'époux donateur et le nombre d'enfants qui en étaient issus. Elle ne pouvait
être discutée qu'à son décès : c'est à ce moment qu'il était possible
de la déterminer et de voir si elle équipollait à la somme des donations que le défunt avait faites à ses conjoints successifs. C'est la
règle de l'article 1098, d'après lequel la quotité varie suivant le
nombre d'enfants que le défunt laisse, à la condition pourtant de ne
pas dépasser un maximum qui se compose du quart de ses biens.
Cette règle et cette restriction sont parfaitement sages ; elles pré-
viennent les entraînements d'un nouvel amour ; elles empêchent un
père ou une mère qui se remarie, d'épuiser leur fortune en libéralités au mépris des intérêts de leurs enfants.

J'ai dit que les Coutumes n'autorisaient pendant le mariage que
la donation réciproque entre époux, donation fictive à laquelle on
appliquait la maxime : *do ut des*, donner pour recevoir. L'une des
libéralités était la condition de l'autre, l'une devenait caduque par
le prédécès de l'époux au profit duquel elle avait été stipulée ; l'autre
se réalisait en faveur du survivant. C'était donc un contrat aléa-
toire qui supposait l'intention de gagner, et non celle de se dépouiller. Il est vrai que, pour donner moins passage à la spéculation,

une Coutume n'accordait aucun effet à la donation mutuelle, lorsqu'elle paraissait faite de part ou d'autre sur une présomption de
survie; elle ne la validait qu'autant que les époux étaient d'âges
égaux; mais, selon cette Coutume, il y avait égalité d'âge lorsqu'il
n'existait pas entre eux une différence de plus de quinze ans. Le
Code a reconnu cette espèce de donation, mais ne l'a pas soumise
aux mêmes règles; elle n'est pas réputée faite sous la condition de
survie; c'est généralement un apport commun des époux pour subvenir aux charges du ménage. Non seulement les donations par
contrat de mariage, mais celles pendant le mariage, qui étaient prohibées par les Coutumes, sont valables. Ces libéralités ne sont pas
exemptes de reproche, et si les législations précédentes les avaient
proscrites, c'est qu'elles avaient prévu les abus qu'elles pourraient
entraîner. Certes, si le mariage engendrait toujours entre les
époux une même affection, un même dévouement, nul doute que
les libéralités qu'ils se feraient, ne fussent spontanées; mais quand
l'un d'eux fait peser son autorité comme un joug sur son conjoint,
je serai fondé à dire que les libéralités qu'il en recevra ne seront
que le résultat de sa coupable influence, de sa persécution peut-
être? Qu'on ne m'objecte pas que l'époux donateur aura la faculté de révoquer la donation qu'il n'aurait pas voulu faire. Il
n'aura pas plus la liberté d'annuler son acte, qu'il n'a eu la liberté
de l'accomplir. D'ailleurs, quelle est la nécessité des donations
entre époux pendant le mariage? et si les conjoints veulent reconnaître leurs soins, récompenser leur tendresse, ne pourront-ils pas
avoir recours au testament; car je suis loin d'adopter, sur ce point,
la Coutume de Normandie, qui allait jusqu'à interdire les dispositions testamentaires aux époux. Je conviens que le testament n'a
pas un effet immédiat; mais si la donation pendant le mariage confère un droit actuel, le donataire n'est appelé, le plus souvent, à en
recueillir le bienfait qu'à la mort du donateur; ce n'est qu'à ce

moment que la libéralité est fixée définitivement sur sa tête. J'ajoute que le testament est plus à l'abri des dangers que je signalais, plus propre à remplir le vœu de la loi, qui est la liberté de toute personne qui s'oblige. Il n'est pas assujetti aux formes de publicité que requièrent les donations ; l'époux qui teste ou qui révoque un testament, peut très bien le faire en particulier et à l'insu de son conjoint ; sa volonté peut donc se manifester librement.

Nous ne voyons plus figurer dans notre législation, parmi les modes de libéralités, les donations à cause de mort ; et ce n'est pas un mal. Cette donation se révèle sous une couleur défavorable ; elle atteste non la générosité, mais l'égoïsme du disposant. Le donateur se préfère au donataire ; il abandonne son bien, à une condition, c'est que la mort l'en dessaisisse.

Notre législation a supprimé également et avec la même raison l'augment, le douaire, le droit de viduité, ces avantages fixes que la loi reconnaissait en faveur des époux. Il n'est pas au pouvoir de la loi de prévoir les rapports de fortune qui existeront entre eux ; en réglant d'avance leurs droits réciproques sur leur succession, elle ne fera pas la part des besoins de l'un ou de l'autre. Souvent cette attribution pèsera sur le plus pauvre et profitera au plus riche ; elle aura pour effet de prendre sur le nécessaire de l'un pour accroître le superflu de l'autre. Il n'appartient qu'à la convention privée d'entrer dans ces considérations de fortune ; c'est aux époux qu'il convient de régler leur position de la manière la plus équitable. Les avantages que la loi stipulait elle-même avaient encore l'inconvénient d'augmenter la masse des biens indisponibles ; les biens sur lesquels ils portaient étaient inaliénables : or il est constant qu'un pays a d'autant plus d'éléments de prospérité qu'il possède de biens libres.

DROIT CIVIL.

Le titre que je me suis proposé d'expliquer se divise en deux
parties : l'une concerne les donations avant le mariage, l'autre les
donations pendant le mariage. Je les traiterai dans deux chapitres
correspondants, et dans un autre chapitre j'examinerai les règles
qui fixent les limites dans lesquelles elles doivent se renfermer mu-
tuellement, c'est-à-dire la quotité disponible entre époux.

CHAPITRE Ier.

DONATIONS ENTRE ÉPOUX PAR CONTRAT DE MARIAGE.

L'art. 1091 porte ces expressions : « *Par contrat de mariage,* »
ce qui semblerait indiquer que les donations entre futurs époux ne
seront régies par les dispositions exceptionnelles du chapitre IX,
qu'à la condition d'être faites par contrat de mariage. Cependant

une pareille nécessité ne se comprendrait pas; du moment que la loi n'a pas exigé que les parties aient un contrat écrit, elle n'a dû attacher à ce contrat aucune faveur spéciale. Ainsi je crois que l'art. 1091 a prévu le cas le plus fréquent où les donations seront faites par contrat de mariage; mais qu'il n'exclut pas celui où les futurs époux, à défaut de contrat de mariage, se feront des donations dans la forme régulière. Du reste, la plus grande latitude leur est accordée; ils ont la faculté de se faire telle donation qu'ils jugent convenable, donation de biens présents, de biens présents et à venir ou de biens à venir seulement.

La donation de biens présents, suivant l'art. 1092, n'est pas censée faite sous la condition de survie du donataire, à moins que le contraire ne soit exprimé. On se demande d'abord quelle est l'utilité d'une telle disposition. Ne s'agit-il pas d'une donation entre-vifs, qui transmet au donataire les biens dont elle se compose d'une manière actuelle et irrévocable, et son caractère essentiel n'implique-t-il pas assez ce que prend soin d'exprimer l'art. 1092? Il est vrai que ce texte ne fait que consacrer un principe préexistant et inhérent à la nature de la donation; mais le législateur l'a introduit pour faire cesser le désaccord qui régnait dans l'ancien droit. Tandis que les donations entre époux étaient toujours dans le Droit écrit présumées faites sous la condition de survie; selon les Coutumes, cette condition de survie n'était pas présumée. Le législateur, appelé à se prononcer entre ces deux systèmes, a cru devoir déclarer formellement celui qu'il adoptait, afin de prévenir la dissidence à laquelle cette matière avait donné lieu.

La donation de biens à venir est soumise aux règles qui régissent la même donation lorsqu'elle est faite par un tiers aux époux, et l'art. 1093 se réfère à ces règles auxquelles toutefois il apporte une dérogation. Quand la donation de biens à venir est faite par un tiers aux époux, elle est, d'après l'art. 1092, présumée faite au profit des enfants et descendants à naître du mariage, dans le cas de survie du donateur ; d'après l'art. 1093, au contraire, cette donation, quand elle est faite par l'un des époux à l'autre, ne s'étend pas aux enfants issus du mariage, en cas de décès de l'époux donataire avant l'époux donateur. Les enfants ne pourraient profiter de la donation par suite d'une clause expresse, parce qu'à la différence de l'art. 1082 qui établit une présomption, l'art. 1093 contient une prohibition : « *Elle ne sera point transmissible,* » dit cet article. (Je ferai remarquer, en passant, qu'il se sert d'une expression impropre ; car si le donataire ne recueille pas la donation, il ne peut la transmettre ; il faut substituer au mot *transmissible* le mot *extensible*). Du reste, cette prohibition est facile à justifier ; en effet, elle ne préjudicie en rien aux enfants, puisque ce qu'ils ne prennent pas aujourd'hui à titre de donataires, ils le prendront comme héritiers de l'époux auquel la donation fait retour ; de plus, elle est commandée par l'intérêt de la famille. En effet, l'autorité paternelle qui doit veiller au maintien de la discipline et du bon ordre, eût été gravement compromise si les enfants avaient pu par avance et définitivement devenir maîtres de tout ou partie de la quotité disponible.

A part l'exception que j'ai signalée, les règles exposées au chapitre viii sont entièrement applicables à la donation de biens à venir entre époux. Ainsi cette donation peut porter sur l'universalité ou une portion des biens que le disposant laissera à son décès. Elle devra être accompagnée d'un état des dettes et charges du donateur au moment de la donation, sinon elle prendra le caractère d'une véritable institution contractuelle, et l'époux donataire n'aura pas la faculté de s'en tenir aux biens présents lors du décès de son conjoint ; mais il devra ou répudier ou accepter la donation, et, dans ce cas, il prendra les biens et acquittera les dettes de la succession. La donation de biens à venir est irrévocable, de sorte que ses effets rétroagiront au jour où elle a été faite, et pourvu qu'elle ait été transcrite, le donataire aura pu valablement consentir l'aliénation des biens à lui donnés, parce qu'il en était propriétaire. De ce qu'il est dessaisi du jour de la donation, le donateur n'aura plus la libre disposition des biens qui font l'objet de la libéralité ; mais l'art. 1083 lui conserve le droit de les aliéner à titre onéreux dans tous les cas , et à titre gratuit pour sommes modiques seulement.

J'ai passé en revue les libéralités que peuvent se faire les futurs époux ; mais la loi requiert certaines garanties de la part de ceux qui les consentent. Quelles sont les conditions de capacité auxquelles elle les assujétit ? La question n'a d'importance que relativement au mineur. Nous savons qu'en règle générale le mineur de seize ans ne peut faire aucune disposition entre-vifs, et que par testament il ne peut donner que la moitié des biens dont il est permis au majeur de disposer. La faveur due au mariage a motivé une exception ; l'art. 1095 a élargi la capacité du mineur qui contracte mariage. Ainsi l'époux mineur, pour disposer par contrat de mariage vis-à-vis de son conjoint, sera capable comme le majeur, s'il obtient le consentement et l'assistance de ceux dont le consentement est indispensable à la validité de son mariage. Telle est en quelques mots la règle de l'art. 1095 que résume parfaitement, à mon sens, la maxime : *Habilis ad nuptias, habilis ad matrimonii consequentias.* Le mineur est capable pour donner à son conjoint aux mêmes conditions que pour contracter mariage.

Il importe donc de distinguer la capacité du mineur comme mineur, et la capacité du mineur comme époux. Au premier cas, le tuteur seul le représente ; au second cas, il lui faut l'assistance et le consentement de telle ou telle personne, et l'intervention du tuteur peut être insignifiante.

Mais que veulent dire ces mots, « assistance et consentement ? »

Emportent-ils l'idée de la présence réelle des personnes qui doivent consentir au mariage? L'art. 1095 entraînerait dans son application bien des embarras, bien des lenteurs, si ses termes comportaient une pareille exigence. Supposez un conseil de famille nombreux, dont les membres résident à des distances considérables du lieu où le mineur se marie; seront-ils donc obligés de se transporter tous sans exception chez le notaire qui doit faire le contrat pour autoriser une donation? Non, ce serait par trop de rigueur; et en rapprochant de notre article l'art. 36, nous déciderons que les personnes dont le consentement et l'assistance sont requises, pourront se faire représenter au contrat par un fondé de procuration spéciale et authentique.

Le chapitre IX ne forme pas un système complet, il ne contient que des modifications, de sorte que dans l'insuffisance des textes, nous devons recourir aux dispositions spéciales auxquelles il renvoie dans le chapitre VIII, et tenir pour constantes les règles des donations ordinaires auxquelles il n'apporte aucune dérogation.

Je vais énumérer succinctement ces règles :

1° La donation entre époux par contrat de mariage est dispensée d'une acceptation formelle (1087);

2° Elle est subordonnée à la célébration du mariage (1088);

3° Si le donateur s'est réservé la faculté de disposer d'un objet compris dans la donation, et qu'il meure sans en avoir disposé, cet objet ne tombera pas dans sa succession, mais appartiendra au donataire (947);

4° La donation d'immeubles sera sujette à la transcription et la donation de meubles sera soumise à la nécessité d'un état estimatif (939 et 948).

Les causes de révocation sont-elles les mêmes pour les donations entre époux que pour les donations ordinaires? L'art. 953 énonce trois causes de révocation : l'une de ces causes, celle qui a lieu pour survenance d'enfants, n'est pas admise pour les donations que se font les époux; l'exception se justifie d'elle-même; et d'ailleurs, l'art. 960 ne laisse aucun doute à cet égard. Mais une question grave et controversée est celle de savoir si les donations entre époux peuvent être révoquées pour cause d'ingratitude. L'art. 959 ne la résout nullement; il dit bien que les donations en faveur do mariage ne sont pas révocables pour ingratitude; mais la difficulté réside précisément sur le point de savoir si les donations entre époux sont comprises sous la dénomination employée par le texte. Si ces mots en *faveur du mariage* peuvent convenir à un certain point de vue aux donations faites par les futurs époux entre eux, en ce sens qu'elles attendent pour complément la formation du lien conjugal, et qu'elles y convient, il faut reconnaître que ce n'est pas dans cette acception qu'on les prendra généralement. Les donations en faveur du mariage sont celles qui sont faites dans l'intérêt de l'association conjugale, qui accroissent les ressources de la famille. On ne peut appeler ainsi les donations que se font les époux entre eux, car elles ne profitent pas plus aux enfants qu'elles ne leur nuisent, donc ces expressions n'embrassent que les donations faites par des tiers aux époux. Ce sens d'ailleurs résulte de la comparaison des textes qui ont soin de désigner par des termes différents les donations faites par des tiers aux époux, et celles faites par les époux entre eux. Par ces expressions, *donations en faveur du mariage, donations par contrat de mariage,* le Code n'entend parler que des premières; quant aux secondes, il les désigne simplement sous le nom de *donations entre époux.* Il suffit de voir l'intitulé des chapitres viii et ix pour se convaincre que le législateur a voulu tirer une ligne de démarcation entre ces deux sortes de libéralités. Ainsi l'art. 959 n'est relatif, selon nous, qu'aux donations faites par des tiers aux époux, et j'ajoute que s'il concernait aussi bien les donations entre époux, il n'y aurait pas moyen de le concilier avec la raison et la morale.

La raison nous apprend bien pourquoi les unes ne doivent pas être révoquées pour cause d'ingratitude, en effet elles ne sont pas faites seulement en faveur de l'époux donataire ; elles sont faites en faveur de l'autre époux et des enfants, et alors la révocation frapperait en même temps le coupable et l'innocent. Mais elle s'oppose à ce que les autres, les donations entre époux ne puissent être révoquées pour la même cause ; car la révocation ne frappe que l'époux ingrat, et loin de nuire à son conjoint, elle lui profite, puisqu'il rentre en possession des biens donnés ; elle profite aussi aux enfants, qui sont intéressés à ce que les biens soient confiés à l'administration de l'époux le plus digne et le plus honnête. J'ai dit encore que l'art. 959 serait contraire à la morale. En effet, comment souscrirait-elle à ce que le donataire qui est puni par la perte de la donation quand il s'est montré ingrat envers le donataire, alors que ce donataire est pour lui un étranger, fût épargné, alors que ce donateur est son conjoint, qu'il est doublement coupable d'avoir oublié son bienfait, et d'avoir violé la foi conjugale ? Les donations entre époux sont donc révocables pour ingratitude.

On peut prévoir, par la solution que je viens d'adopter, celle que j'appliquerai à la question suivante : La séparation de corps révoque-t-elle les avantages faits par l'un des époux à l'autre ? La séparation de corps suppose les faits qui constituent l'ingratitude, et le jugement qui la prononce doit avoir pour effet la révocation de la donation faite à l'époux contre lequel il est rendu. Cependant l'opinion contraire a été longtemps celle de la Cour suprême ; voici le principal argument qu'elle présente : L'art. 299 a été fait pour le divorce et ne saurait être applicable à la séparation de corps que si la loi l'eût déclaré telle, c'est une exception à l'irrévocabilité des donations, et les exceptions doivent se renfermer strictement dans leurs limites. Je trouve la réponse à cet argument dans l'origine de la séparation de corps. Le divorce n'a été aboli que pour faire cessor l'antinomie qui existait entre la loi civile et la loi religieuse, l'une déclarant le mariage dissoluble, l'autre le déclarant indissoluble. Le Code n'a proscrit du divorce que la dissolution du lien conjugal, qui répugnait aux consciences éclairées par la foi catholique ; mais, sauf ce retranchement, le divorce a été conservé sous un autre nom. Ainsi la séparation de corps aura lieu pour les mêmes causes que le divorce, et elle produira les mêmes effets, excepté ceux qui sont incompatibles avec le maintien du lien conjugal. Donc, pour que la révocation des avantages entre époux résulte de la séparation de corps, il n'est pas besoin qu'un texte le prescrive, il suffit qu'elle ne soit pas un effet attaché à la dissolution du mariage. Il est vrai que l'on conteste encore ce point, et que l'on prétend que la révocation édictée par l'art. 299 est l'un de ces effets ; que l'indissolubilité du mariage emporte avec soi l'irrévocabilité des donations entre époux. Mais cette prétention n'est pas soutenable. Si la révocation des donations, opérée par le divorce, n'était que la conséquence de la dissolution du mariage, comment se fait-il que le divorce par consentement mutuel n'opérait pas cette révocation ? Les exemples sont nombreux et prouvent jusqu'à l'évidence l'erreur de l'opinion adverse. Est-ce que jamais la révocation des donations entre époux a pour résultat d'enlever à ceux-ci leur qualité, est-ce que jamais la substitution même d'un régime à un autre peut rompre le lien du mariage ? Il n'y a aucune connexité entre l'indissolubilité du mariage et l'irrévocabilité des donations entre époux. Alors je conclus qu'elles sont révoquées par la séparation de corps.

CHAPITRE II.

DONATIONS ENTRE ÉPOUX PENDANT LE MARIAGE.

Ces donations ne peuvent avoir pour objet l'intérêt du mariage ; elles ne sauraient le favoriser puisqu'il est consommé ; elles sont permises aux époux pour se témoigner leur affection, pour se récompenser de leurs soins. C'est un droit précieux pour de véritables époux que celui de se faire des libéralités. Mais si ce droit n'est établi par la loi que pour encourager de généreux sentiments, n'a-t-on pas à craindre qu'il ne soit pas exercé en toute liberté, et que l'amour conjugal ne soit pas mis à prix par la cupidité de l'un des époux ? Ces raisons sont sérieuses, et elles avaient fait proscrire ces sortes de donations par la législation romaine et par les Coutumes. La loi actuelle reconnaît ces donations ; mais pour remédier aux inconvénients qu'elles présentent, pour prévenir les dangers qu'elles suscitent, elle les a soumises à une révocabilité absolue. Cette condition remplit-elle bien le but de la loi, rend-elle tout abus impossible. Je me suis déjà prononcé sur ce point. Je crois que le moyen qui justifie le mieux ces libéralités, c'est que le législateur ne pouvait les empêcher, et que, s'il l'eût voulu, les époux auraient, sans la moindre difficulté, échappé à sa prohibition.

Pour que la faculté de révocation soit entière dans les mains de la femme, l'art. 1096 l'exempte de l'autorisation de son mari et de justice. L'autorisation de son mari ! c'eût été une ironie que de l'exiger ; le mari l'eût toujours refusée. L'autorisation de justice ! elle n'était pas nécessaire. La femme, en révoquant, exerce un droit personnel ; c'est à elle d'apprécier, de peser les raisons qui peuvent l'engager à révoquer, et elle n'est pas obligée de les dévoiler aux tribunaux.

L'art. 1096 déclare, dans son troisième alinéa, que les donations pendant le mariage ne sont pas révoquées par la survenance d'enfants. Si cette survenance d'enfants opère la révocation des donations faites à un étranger, c'est que la loi présume que le donateur ne se fût pas dépouillé, s'il eût conservé l'espoir de devenir père : ce motif ne se trouve pas ici, et d'ailleurs les biens donnés, ne sortant pas du patrimoine des époux, seront toujours le partage des enfants.

Les époux ne pourraient, par leur contrat de mariage ou par un autre acte, renoncer à la faculté de se faire des donations pendant le mariage, pas plus qu'ils ne pourraient renoncer au droit de les révoquer. La liberté des personnes est d'ordre public; il ne dépend pas des parties elles-mêmes de l'aliéner : *Nul ne peut se forclore soi-même.* Toute convention qui tend à enchaîner la liberté privée est nulle.

Caractère juridique de la donation pendant le mariage.

L'irrévocabilité est de l'essence de la donation entre-vifs, et de ce que la donation pendant le mariage était essentiellement révocable, on s'est demandé si cette révocabilité ne lui enlevait pas le caractère de donation entre-vifs, pour l'assimiler à un testament ou à une donation à cause de mort.

Cette question, sur laquelle le silence du Code est très regrettable, a soulevé dans la doctrine et dans la jurisprudence la plus vive controverse. Il importe d'autant plus de se fixer sur ce point, que sa décision fournira la réponse aux questions les plus graves et les plus usuelles.

Je repousserai d'abord l'opinion qui fait de la donation entre époux un testament. Le testament est l'expression d'une volonté unique; la donation au contraire est un acte qui réclame le concours de deux volontés. D'ailleurs les époux ne sont pas privés de la faculté de se faire un testament; il faut bien que la libéralité autorisée par l'art. 1096 soit autre chose, si l'on ne veut pas que ce texte soit une répétition de la loi.

Quant à l'opinion qui considère la donation entre époux comme une donation à cause de mort, elle raisonne ainsi : Le donateur n'est lié que par une donation irrévocable ; la liberté de révoquer lui conservo le droit de disposer de la chose; mais s'il peut faire ces actes, il n'y a pas dessaisissement; car on ne pourrait concevoir que la chose donnée fût la propriété du donataire, quand le donateur conserve le droit d'en disposer. Le donateur ne se dessaisit pas; le donataire n'est donc pas saisi; car se dessaisir d'un objet et pouvoir encore en disposer sont deux choses incompatibles. Là où le domaine du donateur subsiste, celui du donataire n'est pas encore né; et si la donation ne réside définitivement sur la tête de ce dernier qu'à la mort du donateur, c'est qu'elle a trait à cet événement, c'est qu'elle est une donation à cause de mort. D'ailleurs, dit-on, c'est bien là le caractère que le texte lui imprime, puisqu'il lui refuse le nom de donation entre-vifs : *Toute donation, quoique qualifiée entre-vifs;* que ressort-il de ces expressions, si ce n'est que les parties ne peuvent, par une qualification fausse, changer la substance de l'acte, et que quand même la donation entre époux aurait été dénommée entre-vifs, elle n'en resterait pas moins une donation à cause de mort?

Cette argumentation n'est que spécieuse, et je n'en reste pas moins convaincu que la donation entre époux est une donation entre-vifs. Et d'abord pour faire justice de l'opinion que je combats, il me suffirait de lui opposer l'art. 893, qui n'admet que deux modes de disposer à titre gratuit, le testament et la donation entre-vifs. La donation entre époux n'est pas un testament, donc elle est une donation entre-vifs. Je ne m'en tiendrai pas là et je ferai remarquer en quoi ce raisonnement des adversaires est vicieux. Premier argument : la donation entre époux n'opère pas le dessaisissement du donateur. Je soutiens, au contraire, que la donation entre époux transfère la propriété des biens qui la composent; c'est le propre de toute donation, et il faudrait pour qu'elle n'eût pas cet effet un texte spécial. Ainsi le donateur est lié, encore bien qu'il ait la faculté de révoquer ; la révocabilité qui s'attache à la donation l'affecte d'une condition résolutoire ; elle est parfaite tant que cette condition ne s'accomplit pas. C'est pour cela que la mort civile du donateur ne la rend pas caduque. Second argument : La loi ne regarde pas la donation entre époux comme une donation entre-vifs, puisque l'art. 1096 s'exprime en ces termes : *Toute donation, quoique qualifiée entre-vifs*. Mais on altère singulièrement le sens de ces expressions ; le texte n'a pas voulu dire que la donation entre époux, quoique qualifiée entre-vifs, n'en est cependant pas une, mais que cette qualification ne saura lui enlever son caractère de révocabilité, c'est-à-dire que les époux ne pourront y renoncer par une déclaration quelconque.

La donation entre époux est donc une donation entre-vifs moins l'irrévocabilité. Il suit de là qu'elle doit être soumise aux mêmes formalités, si ce n'est celles dont elle est dispensée par la loi. Elle doit être faite par acte notarié (931) ; elle ne sera valable qu'autant qu'elle aura été formellement acceptée par le donataire (932). Elle devra être suivie de la transcription si elle comprend des biens susceptibles d'hypothèques (936) ; et, si elle se compose d'effets mobilliers, elle ne sera valable pour eux qu'autant qu'un état estimatif aura été annexé à la minute de l'acte (948). On conteste l'utilité de la transcription et de l'état estimatif en présence de la révocabilité de la donation.

Il n'existe pas de doute par rapport à l'application de ces articles, du moment que notre titre n'y déroge pas, ils restent évidemment applicables. Leur utilité seule est en question, cependant elle existe. La transcription est utile aux créanciers qui, postérieurement à la donation, auraient acquis hypothèque sans le concours de la volonté du donateur ; l'état estimatif est utile à celui-ci pour retrouver, en cas de révocation, les objets qu'il aura donnés.

Du caractère de la donation entre époux découle cette consé-

quence, qu'il faudra considérer la capacité du donateur au moment
où il fera la donation et non à l'époque da sa mort.

Le mineur peut-il faire une donation pendant le mariage à son
conjoint ? Je n'hésite pas à adopter la négative, car l'art. 904
défend au mineur de faire aucune donation entre-vifs. S'il dispose
ainsi vis-à-vis de son conjoint, il devra ratifier l'acte à l'âge de ma-
jorité.

Je déciderai de même que la femme ne pourra faire à son
mari une donation de ses biens dotaux. La question est plus délicate
lorsqu'il s'agit d'une institution contractuelle; car on dit : pourquoi
l'interdire à la femme? elle dispose pour le moment où elle ne
sera plus et où ses biens rentreront dans le commerce. Je pense
néanmoins que l'institution contractuelle ne devra pas être permise
à la femme. Elle constitue une donation entre-vifs, en ce qu'elle
confère un droit actuel sur les biens qui y sont soumis, l'exercice
seul de ce droit est suspendu : *In donatione sunt duo, dispositio et
executio, dispositio vero statim ligat, ergo non annulatur, liceat executio habeat tractum* (Dumoulin). La femme, après une telle disposition, ne conserve plus la propriété intacte des biens qu'elle embrasse;
car elle ne peut plus les aliéner à titre gratuit. Ainsi ils ne pourraient,
selon le vœu de la loi, servir à l'établissement des enfants. Il est
donc juste de défendre à la femme de faire une institution contractuelle, autrement on foulerait aux pieds les principes de la dotalité.

Par quels actes les époux peuvent se faire des donations?

L'art. 1097 défend aux époux de se faire, par acte entre-vifs ou
par testament, aucune donation mutuelle et réciproque par un seul
et même acte. Cette règle a pour but d'assurer la liberté du droit de
révocation. Mais rien n'empêcherait deux époux de se faire, par

actes séparés, une donation mutuelle, lors même que ce serait à la même heure, chez le même notaire.

La donation manuelle que se font les époux est-elle valable? On dit qu'elle est une entrave à la faculté de révoquer, que conséquemment elle doit être prohibée. Mais la loi n'a pu consacrer un principe qui n'aurait pas de sanction : il n'y a pas lieu de défendre cette espèce de donation. Elle est inattaquable, et du moment que le donataire est nanti de la chose, il peut invoquer l'art. 2278 qui déclare qu'*en fait de meubles, possession vaut titre.*

Quels biens peuvent comprendre les donations entre époux?

Elles peuvent comprendre des biens présents, des biens présents et à venir et des biens à venir seulement.

Les donations pendant le mariage diffèrent par là des donations ordinaires qui ne peuvent comprendre que des biens présents, d'après l'art. 963. Mais l'art. 947 prend soin de déclarer que les quatre articles qui précèdent sont inapplicables aux donations dont il est fait mention aux chapitres viii et ix. L'art. 943 est du nombre des articles qui sont exceptés, et les donations qui nous occupent sont celles dont le chapitre ix fait mention.

Je n'ai pas à revenir sur le caractère de ces donations; la loi ne distingue pas, et elle leur attribue à toutes le caractère de donation entre-vifs. La donation de biens à venir est de cette nature ; elle saisit le donataire, et il n'est pas soumis à la demande en délivrance à la mort du disposant comme un légataire.

Effets des donations pendant le mariage.

Avant d'examiner ces effets, il est une question préalable, c'est celle de savoir si la révocabilité que la loi met dans les mains du donateur est purement facultative.

L'époux qui aura fait une donation à son conjoint pourra-t-il la révoquer, non pas parce que son consentement aura été surpris, ni parce que le donataire aura démérité; mais parce qu'un caprice, une fantaisie l'y engagera, parce qu'en un mot tel sera son bon plaisir. Ce ne peut être là le pouvoir que la loi a entendu consacrer; si elle ne se réserve aucun contrôle sur l'usage que le donateur peut faire du droit de révocation, ce n'est pas qu'il soit dans sa pensée que ce droit excède les bornes de la raison et de l'équité. Elle s'en rapporte au donateur, elle le constitue juge, c'est à lui d'apprécier dans sa conscience les griefs qu'il peut avoir contre son conjoint; s'ils démontrent son ingratitude, il peut lui retirer le bienfait dont il n'est pas digne. Les donations entre époux ne sont pas plus facilement, plus largement révocables que les donations ordinaires, seulement leur révocation, au lieu d'appartenir aux tribunaux, appartient aux époux. Cette faculté leur a été donnée dans l'intérêt de l'ordre public, dans l'intérêt de la famille; elle a eu pour but de les dispenser de venir en justice, d'éviter ces procès scandaleux qui révéleraient leurs dissensions et leurs querelles domestiques. La révocabilité des donations entre époux n'est donc pas purement facultative, l'époux qui donne à son conjoint est lié, sinon légalement, du moins moralement, et s'il révoque, on devra supposer qu'il n'aura cédé qu'à un motif légitime.

La théorie que je viens d'établir n'est pas sans importance, elle confirmera ma décision dans une hypothèse qui se rattache à la question suivante.

La donation de biens présents entre époux est-elle caduque par le prédécès du donataire? Il semble que la négative devrait résulter nécessairement du caractère que j'ai reconnu à cette donation. La faculté de révoquer que possède le donateur, équivaut à une condition résolutoire qui, tant qu'elle ne se réalise pas, n'empêche pas la donation d'être parfaite; donc elle doit se transmettre aux héritiers en cas de décès du donataire avant le donateur, lorsque celui-ci a gardé le silence. Cependant plusieurs auteurs, d'accord avec moi sur la nature de la donation entre époux, n'admettent pas cette conséquence qui me paraît en découler logiquement. Ils s'étayent des termes de l'art. 1092 : « Cet article, disent-ils, déclare que les donations entre futurs époux ne seront pas censées faites sous la condition de survie; si la loi avait entendu maintenir cette règle pour les donations entre époux, elle s'en serait expliquée. » L'argument tiré de l'art. 1092 ne peut avoir une grande valeur : cet article, ainsi que je l'ai posé, ne change rien à ce qui existe déjà, et lors même qu'il ne serait pas écrit, le principe qu'il exprime n'en resterait pas moins debout; c'est-à-dire, que la donation de biens présents entre futurs époux ne serait pas caduque par le prédécès du donataire. Pourquoi? Parce qu'il s'agit d'une donation entre-vifs avec laquelle ce caractère de caducité est incompatible. L'art. 1092 ne fait donc pas autorité, et alors l'argument que je riposte à mes adversaires devient sans réplique. « La caducité pour prédécès du donataire constitue une dérogation aux règles de la donation entre-vifs; et, si le Code eût voulu l'admettre pour les donations entre époux, il n'eût pas manqué de s'en expliquer. » D'ailleurs la caducité des donations est une déchéance, toute déchéance doit être écrite, elle ne peut être suppléée par des inductions, des analogies.

Ce n'est pas contre la preuve de ce système que la lutte des adversaires est la plus acharnée, c'est contre ses conséquences qu'ils se révoltent et qu'ils présentent des objections dont il faut bien avouer la puissance. « Soit, disent-ils, la donation entre époux n'est pas caduque par le prédécès du donataire. Qu'allez-vous faire du droit de révocation du donateur, pourrait-il l'exercer contre les héritiers du donataire, et dans ce cas, pendant combien de temps? De deux choses l'une : ou bien les héritiers recueillent la donation d'une ma-

nière définitive, et alors vous limitez la liberté de révoquer du donateur, à laquelle la loi ne pose pas de limites; ou bien cette liberté de
révocation reste entière, et alors les héritiers n'acquièrent qu'une
propriété incertaine. Vous ne pouvez échapper à cette alternative, et
quelle que soit la solution que vous adoptiez, elle est réprouvée d'a-
vance. » Je conviens qu'il faut choisir entre les deux termes qui me
sont proposés, mais j'espère que mon opinion ne reposera pas moins
sur une base solide et irréprochable. La révocabilité est de l'essence
de la donation, donc elle sera révocable tant que pourra s'exercer le
droit du donateur, c'est-à-dire, jusqu'à sa mort. Loin de limiter
cette liberté de révocation, l'art. 1096 entend lui donner le plus
d'étendue possible, puisqu'il déclare que les donations entre époux
« *seront toujours révocables.* » Le donateur doit donc jouir de son
droit, après comme avant la mort du donataire. Si la donation qu'il
a faite était révocable contre son conjoint, elle doit l'être à *fortiori*
contre les héritiers de ce conjoint, car c'est à lui qu'elle s'a-
dressait principalement; ainsi au lieu de s'étonner que la propriété
des biens composant la donation reste incertaine dans les mains des
héritiers, comme elle l'était dans celles du conjoint; on doit le trou-
ver très naturel. Quant à ceux qui restreignent la révocabilité des
donations pendant le mariage au temps de la vie du donataire, ils
admettent que le donateur n'est pas déchu du droit de demander la
révocation, en se conformant aux prescriptions des art. 955 et 957.
Ainsi l'époux survivant devra se présenter en justice pour prouver
l'ingratitude de son conjoint décédé; et s'il ne le fait pas dans l'année de deuil, il ne pourra plus rien réclamer. Mais est-ce que cette
action, qui décélerait un intérêt sordide, serait admissible, lorsque la
loi a précisément accordé à l'époux donateur le droit de révoquer,
pour conjurer le scandale qui rejaillirait de l'instruction judiciaire?
Les mêmes intérêts ne sont-ils pas en présence? Et l'époux qui viendrait exposer au Tribunal les torts de son conjoint, demander, après

sa mort, sa condamnation, ne porterait-il pas atteinte à l'honneur et à la dignité du mariage ? Il est à présumer d'ailleurs, que quand la loi lui donnerait ce droit, il n'en userait pas ; et que s'il lui fallait recourir à la justice, il renoncerait à la révocation de sa libéralité, plutôt que de se résoudre à flétrir la mémoire de son conjoint, lorsque la tombe viendrait à peine de se fermer sur lui.

Je maintiens donc ma solution : la faculté de révocation de l'époux peut s'exercer contre les héritiers du conjoint donataire, et elle n'est limitée par aucun délai.

Je fais maintenant l'hypothèse inverse : Si le donateur meurt avant le donataire, ses héritiers pourront-ils user du droit de révocation ? Non, car j'ai eu occasion de dire que ce droit est pur personnel, et qu'il ne peut être exercé que par celui qui a fait la libéralité. Les créanciers du donateur n'auraient pas davantage cette faculté, à moins que la donation n'eût été faite en fraude de leurs droits : *Fraus omnia corrumpit.*

Mode de révocation des donations entre époux.

Après avoir vu dans quels cas la révocation des donations entre époux avait lieu, je vais examiner dans quelle forme elle peut être faite.

De ce que la loi n'a assigné dans notre titre aucune forme à la révocation de cette donation, quelques auteurs ont conclu que le donateur pourrait la révoquer dans telle forme qu'il jugerait convenable. En effet, disent-ils, quel recours auriez-vous contre une révocation qui aurait été faite, par exemple, dans un acte sous seing privé, et quelle autorité pourrait en prononcer la nullité ? Assujétir cette révocation à une forme quelconque, serait entraver le libre exercice du droit du donateur, et la loi a dû se contenter d'une manifestation quelconque de sa volonté.

D'autres auteurs pensent que la révocation de la donation entre époux ne peut être exempte de toute formalité, lorsque la loi a prescrit des formes particulières pour la révocation des testaments. La donation est un acte translatif de propriété, le testament ne dispose que pour l'avenir ; la révocation d'une donation est aussi sérieuse que celle d'un testament, et c'est bien le moins qu'elle soit soumise aux mêmes formes. On devra donc appliquer à la donation entre époux les règles tracées pour la révocation des testaments.

Je ne crois vrai ni l'un ni l'autre de ces systèmes. Je reproche au premier de laisser à l'arbitraire des juges la révocation des donations, de la faire dépendre d'une interprétation hasardée, qui le plus souvent serait contraire à la volonté du disposant. Le second me semble encore moins acceptable ; car l'opinion qui dit : « La révocation des donations entre époux se fera dans une forme quelconque, parce que la loi n'en indique aucune, » procède avec plus de logique que celle qui s'exprime ainsi : « Il n'y a pas de forme prescrite pour la révocation de la donation ; donc elle sera révoquée comme un testament. » Il faudrait qu'il y eût identité entre la donation et le testament pour que les mêmes principes leur fussent applicables ; et l'on ne peut, sans contradiction, admettre des différences dans la donation et dans le testament sans en admettre dans les règles qui les régissent. La donation lie celui qui l'a faite ; par conséquent, elle doit être plus difficilement révocable que le testament, qui n'engage nullement le disposant. Il résulte de là que la révocation de la donation, dans la même forme que celle des testaments, n'est pas suffisante, et qu'elle devra être faite par un acte authentique. Ainsi l'aliénation des objets donnés par un époux à son conjoint n'entraîne pas cette révocation, et si le donateur veut les aliéner valablement, il doit avoir soin de révoquer la donation dans un acte authentique ; car le donataire pourrait revendiquer, entre les mains du tiers acquéreur, les biens vendus, ou lui opposer sa donation non révoquée. Si l'aliénation n'emporte pas révocation, *à fortiori* doit-on se décider de même pour l'hypothèque.

CHAPITRE III.

QUOTITÉ DISPONIBLE ENTRE ÉPOUX.

Deux articles dans le Code sont consacrés à cette matière, qui est sans contredit la plus importante de notre sujet. On pourrait induire de la place qu'ils occupent dans notre titre que l'un n'est applicable qu'à la donation par contrat de mariage, et que l'autre ne l'est, au contraire, qu'à la donation pendant le mariage. Il n'y a pas deux quotités différentes pour ces deux sortes de donations ; seulement l'ordre dans lequel sont disposés ces deux textes est défectueux.

Deux divisions principales sont établies par les articles 1094 et 1098 ; le premier règle la quotité des donations entre les époux qui n'ont pas d'enfants d'un précédent mariage, le second règle la quotité des donations entre les époux qui ont des enfants d'un précédent mariage.

Quotité disponible entre époux n'ayant pas d'enfants d'un précédent mariage.

La loi distingue trois cas suivant lesquels la quotité disponible entre les époux varie :

1° Les époux ne laissent pas d'héritiers réservataires ;
2° Les époux laissent des ascendants ;
3° Les époux laissent des descendants.

Premier cas.—Lorsque l'époux ne laisse pas d'héritiers réservataires, sa liberté de disposer ne reçoit pas de limites ; il peut faire à son conjoint les mêmes libéralités qu'à un étranger.

Second cas.—Lorsque l'époux laisse des ascendants, il peut donner à son conjoint tout ce qu'il pourrait donner à un étranger, plus l'usufruit de la réserve des ascendants (1094). Ainsi la loi recule ici la limite du disponible ordinaire en faveur de l'époux et au préjudice des ascendants. Ce n'est pas sans motif que l'on a critiqué une telle disposition qui accorde un privilége à l'un en faisant supporter aux autres un dommage considérable. Il eût été plus juste d'enlever aux ascendants la nue-propriété et de leur laisser l'usufruit ; car c'est réduire leur réserve à néant que de les priver d'une jouissance à jamais perdue pour eux, puisqu'elle réside sur une tête beaucoup plus jeune. Quant à la nue-propriété, loin de leur procurer quelque secours, elle ne leur suscitera que des charges.

Le legs universel que fait un époux à son conjoint comprend-il l'usufruit de la réserve ? On a prétendu qu'il fallait à cet égard une déclaration expresse, et voici les raisons que l'on a apportées : Le legs universel comprend bien l'universalité des biens que le testateur laissera à son décès, mais le légataire étant tenu de demander la délivrance aux héritiers à réserve ; il résulte implicitement de cette obligation qu'il ne suffit pas d'une disposition universelle pour comprendre, dans les cas permis par la loi, la réserve attribuée aux ascendants ; que l'obligation d'une disposition expresse pour retrancher l'usufruit de cette réserve, se trouve encore manifestée par l'art. 1094, puisqu'après avoir dit « *l'époux pourra donner à l'autre époux ce dont il pourrait disposer en faveur d'un étranger ; il ajoute : et en outre »*.... Ce qui prouve que le legs universel n'embrasse pas l'usufruit de la réserve, puisqu'outre ce legs, la loi donne une faculté plus étendue à l'époux, et que ne l'exprimant pas, il est censé ne pas en faire usage. Néanmoins il est bien difficile de ne pas reconnaître que le legs universel embrasse l'usufruit de la réserve des ascendants, car le legs universel s'étend sur tous les biens dont on peut disposer ; et lorsqu'une clause embrasse tout ce que la loi autorise à donner, il n'y a pas à distinguer entre la propriété de certains biens et l'usufruit des autres. Je conclus que l'époux, qui fait un legs universel à son conjoint, est réputé avoir donné l'usufruit de la réserve des ascendants, car il en a la libre disposition.

L'extension de la quotité disponible est une faveur personnelle à l'époux. La loi a pu l'autoriser sans léser les droits des enfants , puisque les biens donnés ne sortent pas du patrimoine; mais elle a dû la renfermer dans ce cas spécial; ainsi l'époux ne pourrait donner qu'à son conjoint l'excédant de la quotité fixée par l'art. 1094 sur la quotité ordinaire, et l'étranger ne pourrait en profiter.

Troisième cas. — Lorsque l'époux laisse des enfants, il ne peut donner à son conjoint qu'un quart en propriété et un quart en usufruit ou la moitié de tous ses biens en usufruit (1094).

A première vue, on s'étonne qu'après avoir admis l'époux à donner un quart en propriété et un quart en usufruit, le texte ajoute : « *Ou la moitié de tous ses biens en usufruit ;* » car le premier membre contient évidemment le second. Pour sauver la loi d'une superfétation, on a imaginé que ces mots : « *le quart en propriété,* » opposés aux mots « *le quart en usufruit,* » signifiaient un quart en nue-propriété; autrement, a-t-on dit, la disposition finale ne s'expliquerait pas, elle deviendrait inutile en vertu de l'adage : « *Qui peut le plus peut le moins;* » en effet, un quart en propriété et un quart en usufruit équivalent à une moitié en usufruit et à un quart en nue-propriété. Cette étrange interprétation ne tend rien moins qu'à faire tomber la loi dans une autre prolixité; car pour exprimer un quart en nue-propriété et un quart en usufruit, il lui aurait suffi de dire un quart en propriété. Ce mot, lorsqu'il est employé seul, s'entend toujours de toute la propriété, et c'est une nouvelle preuve que dans

l'art. 1094, il ne s'agit pas d'autre chose. Il faut donc donner
à ce texte une autre explication. D'après l'art. 17 du projet Jac-
queminot, la disposition de l'usufruit était toujours calquée sur
celle de la propriété, en sorte que la donation en usufruit ne pouvait
excéder la donation en propriété. Cette règle qui a été repoussée
par l'art. 917 pour la quotité ordinaire, a été maintenue pour la quotité disponible entre époux ; ainsi, toute libéralité faite par un époux
à son conjoint qui excèdera la moitié de ses biens en usufruit, devra s'y réduire, et le donataire ne pourra forcer les héritiers à exécuter la disposition, ou à lui abandonner le plus fort disponible.

L'art. 1094 ne fait pas acception du nombre d'enfants ; quel qu'il
soit, la quotité disponible reste invariable. Cette quotité exception-
nelle sera tantôt plus forte, tantôt plus faible que la quotité ordinaire ;
plus faible, lorsque l'époux n'aura qu'un enfant ; plus forte lorsqu'il
en aura plusieurs ; mais jamais il n'aura l'option entre ces deux
quotités. Cependant on a soutenu le contraire et on a dit : « L'art.
1094 a pour but d'étendre la quotité disponible en faveur du conjoint, donc celui-ci ne devra jamais avoir moins qu'un étranger, et
si la quotité permise par l'art. 913 se trouve la plus forte, il lui sera
possible d'en profiter. » On répond à cet argument, que la loi a eu
l'intention de protéger les époux contre l'entraînement d'une passion irréfléchie, et qu'elle leur a défendu de se faire des libéralités
considérables dans la crainte qu'ils ne se dépouillassent trop facilement. Il est vrai que l'époux peut bien recevoir quelquefois plus
qu'un étranger, mais c'est seulement lorsque la libéralité, quoique
surpassant celle que pourrait recevoir cet étranger dans le même cas,
n'est pourtant pas considérable. « L'art. 1094, a-t-on ajouté, n'est
pas limitatif, il ne dit pas : *l'époux ne pourra donner* ; il dit : *l'époux
pourra donner*, ce qui n'exclut pas pour lui la faculté de donner davantage. Or, cette faculté existe certainement, car si le législateur
eût voulu la prohiber, il aurait reproduit ici la rédaction de l'art. 913

qui s'exprime ainsi : *Les libéralités ne pourront excéder.* » Il faut encore repousser cette conséquence. La négation dont se sert l'art. 913 n'est pas nécessaire ici pour que l'art. 1094 soit limitatif, et de ce que cet article déclare que l'époux pourra donner telle quotité, il semble naturel d'en conclure, à l'encontre de l'autre opinion, qu'il ne pourra donner ce qui excèdera cette quotité. D'ailleurs, si cette opinion, pour être convaincue, veut à tout prix un texte prohibitif, qu'elle lise l'art. 1099 : *Les époux ne pourront se donner indirecte-ment au-delà de ce qui leur est permis par les dispositions ci-des-sus.* Que ressort-il de ce texte, si ce n'est que les époux ne pourront, par voie détournée, se soustraire aux règles qui limitent la quotité disponible?

Il est donc bien établi que l'époux donateur ne pourrait se re-trancher dans la disposition de l'art. 913, pour faire à son conjoint une libéralité qui excèderait la quotité fixée par l'art. 1094. A plus forte raison, doit-on décider que les quotités différentes de ces deux articles ne peuvent être cumulées ; car le cumul aurait pour résul-tat d'enlever aux enfants leur réserve, d'absorber souvent toute la fortune des époux.

La loi exclut le cumul, mais elle n'exclut pas la concurence des deux quotités disponibles ; elle ne prive pas l'époux qui fait une libéralité à son conjoint, de la faculté de disposer envers un étran-ger. Il convient donc maintenant d'examiner les rapports du dis-ponible entre époux avec le disponible ordinaire. Comment distri-buera-t-on le disponible entre deux libéralités dont l'une sera faite à un conjoint, l'autre à un étranger ?

D'abord l'époux peut disposer de la quotité la plus forte, pourvu que son conjoint d'une part, que l'étranger de l'autre, ne reçoivent pas davantage qu'il ne peut leur donner réciproquement. Ainsi, du moment que la libéralité faite à l'époux ne dépasse pas le disponible fixé par l'art. 1094; que celle faite à l'étranger n'excède pas le disponible fixé par l'art. 913; les deux libéralités sont valables, pourvu que leur somme ne soit pas supérieure à la quotité la plus forte. Enfin, il est utile de rappeler que l'époux doit seul profiter de l'extension du disponible ordinaire. C'est en combinant ces principes que l'on arrive à concilier le disponible ordinaire et le disponible exceptionnel. Je vais les appliquer à quelques hypothèses.

Je suppose que l'époux, qui n'a qu'un ascendant, donne les trois quarts de sa fortune à un étranger. il pourra évidemment disposer de l'usufruit de la réserve vis-à-vis de son conjoint; car ces deux libéralités réunies n'excéderont pas le disponible le plus fort, et aucune ne dépassera la quotité qui lui est relative. Il n'est pas nécessaire, pour valider l'acte, que le tout, la quotité disponible et la réserve, soit consacré au conjoint. Si les deux libéralités étaient simultanées, la même solution serait applicable; l'époux qui les ferait pourrait épuiser le disponible le plus fort, en ayant soin que chacune ne dépassât point le chiffre qu'elle peut atteindre. Mais il y a plus de difficulté quand la libéralité faite à l'étranger est postérieure à celle que le conjoint a reçue. Je prends la même hypothèse que plus haut. Je suppose qu'un époux n'ait qu'un ascendant, pourra-t-il donner à un étranger les trois quarts de sa fortune, lorsqu'il aura disposé d'un quart en usufruit envers son conjoint? Oui, dit-on; car la date des donations ne peut influer sur leur quotité; elles n'ont pas besoin d'être faites dans un certain ordre pour être valables. Lorsque le disposant donne à son conjoint, il est réputé se placer dans l'art. 1094; lorsqu'il donne à un étranger, il est réputé, au contraire, se placer dans l'art. 913; et pourvu qu'il se soit conformé aux règles qui sont exigées pour la distribution du plus fort disponible; aucun de ces actes ne pourra être infirmé. Quant à moi, je crois que l'ordre des donations, loin d'être insignifiant, est décisif; car c'est d'après leur date que l'on peut voir si le disponible est déjà ou n'est pas épuisé. En outre, il est dans l'ordre naturel des choses qu'avant d'avoir recours à des ressources extraordinaires, on épuise les ressources ordinaires; qu'avant de donner le supplément du disponible, on donne le disponible lui-même. D'après cela, la disposition qui sera faite d'abord au conjoint devra s'imputer sur la quotité déterminée par l'art. 913, quand même le disposant aurait manifesté une volonté contraire. Je veux bien qu'il n'ait pas pensé se lier les mains pour plus tard, en donnant d'abord à son conjoint; je veux bien aussi que les libéralités qu'il a faites se renferment dans leurs limites respectives. Ce n'est pas tout ce que la loi exige, car j'ai posé en principe que l'extension du disponible ne devait pas profiter à l'étranger; or il lui profiterait, car il est bien certain qu'en l'absence de l'art. 1094, il ne pourrait recevoir les trois quarts de la fortune du donateur, lorsque celui-ci aurait déjà disposé d'un quart en usufruit.

J'ai été jusqu'à prétendre que vainement l'époux aurait déclaré vouloir donner le quart en usufruit, d'après l'art. 1094, et ensuite le reste de la quotité disponible d'après l'art. 915, car il ne peut recourir à ce crédit extraordinaire qu'à défaut d'autres ressources. Je me déterminerais différemment s'il résultait de la disposition même de l'époux qu'il aurait été obligé par la loi de se placer dans l'article 1094. Ainsi, qu'un époux ayant trois enfants ait commencé par donner la moitié de ses biens en usufruit à sa femme, comme il lui a fallu emprunter l'art. 1094, il pourra encore disposer d'un quart en nue-propriété en faveur d'un étranger. Qu'on ne dise pas que celui-ci profite de la disposition de l'art. 1094, car si ce texte n'existait pas, il est vrai de dire que sa libéralité serait maintenue et que ce serait celle du conjoint qui subirait une réduction. En un mot, toutes les fois que la donation pourra être faite d'après l'art. 913, elle frappera sur le disponible ordinaire, nonobstant toute clause contraire ; toutes les fois qu'elle ne pourra être faite que d'après l'art. 1094, elle frappera nécessairement sur le disponible de cet article.

J'ai déjà résolu, pour l'affirmative, le point de savoir si un legs d'usufruit pourrait se transformer en une propriété quelconque. S'il était permis de changer un legs d'usufruit en un legs de propriété, on pourrait aller contre l'intention du disposant, dont il faut pourtant tenir le plus grand compte dans les actes à titre gratuit. Lorsqu'il a concédé un droit viager, il est à présumer qu'il n'aurait pas concédé de même un droit perpétuel. Ainsi l'époux donataire ne pourra invoquer l'art. 917 et forcer les héritiers du conjoint à exécuter la disposition qu'il a faite à son profit dans son entier, ou bien à abandonner un quart en propriété et un quart en usufruit; ceux-ci seraient, à mon avis, fondés à faire réduire la libéralité à moitié en usufruit.

S'il est nécessaire d'estimer l'usufruit comparativement à la propriété, d'après quelle base fera-t-on cette évaluation ? Par exemple, un père a deux enfants, il donne à l'un le tiers disponible, que pourra-t-il donner à son conjoint ? Il ne peut plus lui donner aucune quotité en propriété, puisque la donation qu'il a faite dépasse le quart en propriété dont il peut disposer envers lui ; mais il importe de savoir s'il peut disposer encore d'un usufruit, et dans ce cas, quelle sera l'importance de cet usufruit ? Il a été jugé que l'usufruit avait une valeur inférieure de moitié à celle de la propriété. D'après cette base, on a comparé la quotité disponible vis-à-vis de l'enfant et la quotité disponible vis-à-vis du conjoint ; il a fallu préalablement les réduire à leur équivalent en usufruit. Le résultat auquel on est arrivé, c'est que l'époux pouvait encore disposer, vis-à-vis de son conjoint, d'un douzième en usufruit, excédant de la quotité disponible de l'art. 1094 sur celle de l'art. 913. Mais on tomberait dans des erreurs inévitables si l'on opérait toujours d'après une mesure fixe, et si l'on admettait comme règle invariable que l'usufruit équivaut à moitié de la propriété. Il pourra valoir plus ou moins d'après les circonstances ; ce sera aux tribunaux d'estimer sa valeur, d'après les probabilités de sa durée, au moment où il a été constitué, non d'après le temps pendant lequel il aura duré réellement. Il est évident qu'on ne pourrait attribuer la même valeur à l'usufruit qui serait établi sur une tête de 90 ans, ou qui frapperait sur une ferme rapportant deux et demi ; et à l'usufruit qui résiderait sur une tête de 25 ans, ou qui porterait sur un immeuble rapportant cinq ou six pour cent.

Si l'époux avait reproduit dans sa disposition l'alternative qui se trouve dans l'art. 1094, à qui appartiendrait l'option ? serait-ce à l'époux, serait-ce aux héritiers du donateur ? Je pense que s'il n'a pas manifesté sa volonté à cet égard, on devra suivre la règle ordinaire en fait d'obligations alternatives et décider que le choix appartiendra aux débiteurs du legs (1190).

Je suppose que l'époux ait donné à son conjoint l'usufruit dont il peut disposer, c'est-à-dire, en cas d'enfants, l'usufruit de la moitié de ses biens ; et en cas d'ascendants seulement, l'usufruit des biens qui forment leur réserve ; pourrait-il valablement le dispenser de fournir la caution dont est tenu en principe tout usufruitier ? Il faut se prononcer pour la négative. Car de même que le donateur ne pourrait aliéner la réserve des enfants ou des ascendants, il ne peut diminuer les garanties qui la protègent. Si la caution n'était pas exigée, les héritiers réservataires seraient exposés à voir périr dans leurs mains leur nue-propriété ; la dispense de caution n'atteindrait pas la reserve, mais elle la mettrait en péril. Cette clause ne peut être valable que pour des biens dont on a la libre disposition. Est-il besoin de dire que si l'époux donataire avait la jouissance légale des biens qui lui sont donnés en usufruit, la caution ne serait plus due, car il prendrait cette jouissance non pas comme donataire, mais comme usufruitier légal, et dès lors il serait dispensé par la loi de fournir caution.

Quotité disponible entre époux laissant des enfants d'un précédent mariage.

Le législateur n'a pas fait de distinction, en ce qui concerne la quotité disponible entre les époux qui n'ont contracté qu'une seule union, et ceux qui ne laissent pas, après avoir contracté un nouveau mariage, d'enfants d'un précédent lit. C'est lorsque ces enfants existent qu'ils se préoccupent de leurs intérêts pécuniaires et qu'il restreint dans l'art. 1098 les limites du disponible entre époux. En conséquence, cet article porte : « *L'époux qui, ayant des enfants d'un autre lit, contractera un second ou subséquent mariage, ne pourra donner à son nouvel époux qu'une part d'enfant légitime, le moins prenant, et sans que, dans aucun cas, ces donations ne puissent excéder le quart des biens.*

La quotité disponible, dans le cas de l'art. 1098, n'est donc jamais plus élevée que la quotité ordinaire ; elle peut être tout au plus égale ; c'est ce qui fait que je ne rencontrerai plus ces questions de concours sur lesquelles j'ai insisté, en analysant l'art. 1094. De plus, le disponible de l'art. 1098 est invariable, quel que soit le nombre d'enfants d'un précédent mariage.

Quel sens faut-il donner à ces mots : « *Une part d'enfant le moins prenant ?* » Le texte se réfère évidemment au cas où les enfants n'auraient pas des parts égales, alors on ne devrait pas prendre pour base de la quotité disponible la part de l'enfant avantagé, mais celle de l'enfant *le moins prenant.* Cette part est la mesure du disponible et la mesure rigoureuse, toutes les fois qu'elle est inférieure ou égale au quart des biens du disposant; la libéralité ne pourra atteindre ce quart, si la part d'enfant est inférieure; elle y sera réduite, si elle est supérieure.

L'époux ne peut donner à un seul conjoint qu'une part d'enfant, encore bien qu'elle soit moindre que le quart de ses biens ; pourrait-il renouveler cette part pour chaque conjoint successif ? Doit-on entendre l'art. 1098 dans un sens collectif, c'est-à-dire que l'époux ne peut donner plus d'une part d'enfant à tous ses conjoints ; ou bien dans un sens distributif, c'est-à-dire que l'époux peut donner cette part à chaque conjoint? Une opinion enseigne que l'époux peut donner à chaque conjoint une part d'enfant pourvu que l'ensemble de ces diverses donations, en y comprenant, bien entendu, celles faites à d'autres personnes, ne dépasse pas la quotité disponible de l'art. 913. Elle argumente de ces mots *second ou subséquent mariage*, et elle en induit que ce n'est pas seulement au cas d'un second, mais encore au cas d'un troisième, d'un quatrième mariage, que l'époux pourra donner une part d'enfant; elle s'appuie encore sur ces expressions : *Son nouvel époux*, qui indiquent bien selon elle que cet époux, quel qu'il soit en ordre, second, troisième ou quatrième, pourra recevoir la même quotité? Mais on ne peut avoir confiance dans une telle interprétation ; car si la loi parle d'un second ou d'un subséquent mariage, elle peut vouloir dire que l'époux qui n'aura pas encore fait la disposition qu'autorise l'art. 1098, pourra donner à son nouvel époux, qu'il soit d'ailleurs le second ou le troisième, une part d'enfant le moins prenant.

Il n'y aurait pas lieu non plus à tirer aucune conséquence de ces autres expressions : « sans que dans aucun cas, ces donations,» etc., pour fonder un autre système; et dire que l'art. 1098 accorde à l'époux la faculté de disposer d'une part d'enfant vis-à-vis de chacun de ses conjoints successifs; pourvu que les libéralités réunies n'excèdent pas le quart des biens. Car si ces mots peuvent s'entendre des donations faites par un seul conjoint à ses conjoints successifs, ils peuvent aussi s'appliquer aux donations faites par tous les époux convolant à de nouvelles noces. Les termes mêmes du texte laissent donc la question indécise; et dans ce silence absolu, il n'y a qu'un moyen do sortir d'embarras, c'est do rechercher la pensée de la loi. Or, cette pensée mo paraît être que l'époux ne pourra donner qu'une part d'enfant soit à son conjoint seul, soit à plusieurs conjoints. En effet, la loi ne laisse pas à l'époux la liberté do donner le quart de ses biens, elle limite sa libéralité à une part d'enfant; et ce n'est que quand cette part excède le quart des biens, qu'elle lui permet de disposer jusqu'à concurrence do cette quotité.

L'art. 1098 n'a pas pour but do régler la capacité des personnes; il ne fait que déterminer les limites du disponible. Pour voir si une loi contient un statut personnel ou un statut réel, il ne faut pas s'attacher à ses termes, mais à son esprit. Qu'est-ce donc que s'est proposé le législateur en édictant l'art. 1094? La fixation d'une réserve, la conservation des biens à certains héritiers. De ce principe découleront plusieurs conséquences. Une libéralité excessive qu'un époux aura faite à son nouveau conjoint ne sera pas nulle, si l'art. 1098 cesse d'être applicable avant le décès de l'époux donateur. Lorsque les enfants d'un précédent lit viennent à mourir avant la dissolution du mariage, la prohibition qui était établie en leur faveur disparaîtra, et les époux rentreront dans le cas de l'art. 1094.

La part d'enfant se calculera à la mort du donateur; car ce n'est qu'à ce moment qu'elle sera connue et que l'on pourra vérifier si la donation faite au conjoint est ou non réductible. On comptera les enfants du mariage dissous et les enfants d'un précédent mariage, excepté toutefois ceux qui renonceraient à la succession ou en seraient écartés comme indignes; car il faut qu'ils soient héritiers pour réclamer leur réserve, et ce n'est qu'à cette condition qu'ils seront comptés lorsqu'il s'agira de déterminer la portion disponible envers le second conjoint.

L'époux donataire aura la faculté de faire comprendre dans la masse les biens que son conjoint a donnés depuis sa libéralité. Qu'on ne m'objecte pas l'art. 857 qui n'autorise que l'héritier à demander le rapport. Ce n'est pas un rapport réel dont j'entends parler, c'est un rapport fictif. L'époux ne pourra exiger le rapport pour compléter sa part; si les biens de la succession ne suffisent pas, il ne pourra en profiter, mais seulement en argumenter.

Réduction des libéralités excessives.

L'art. 1098 ne restreint la quotité disponible entre époux qu'en faveur des enfants d'un précédent lit; donc il n'y aura qu'eux qui pourront s'en prévaloir et demander la réduction d'une libéralité excessive. L'action en réduction deviendrait donc impossible s'ils ne prédécédaient ou s'ils renonçaient à la succession du donateur. De ce que la réserve établie par l'art. 1098 est toute personnelle aux enfants d'un précédent mariage, il suit que ceux d'un mariage subséquent ne pourraient demander la réduction. Mais cette réduction leur profiterait, parce qu'elle ferait rentrer dans la succession du donateur une partie des biens donnés, et qu'ils en prendraient leur part.

Quel sera le mode de réduction que l'on emploiera pour les libéralités faites en même temps à des étrangers et au conjoint? Il faut d'abord écarter le mode indiqué par l'art. 929. S'il convient parfaitement aux libéralités qui sont soumises au même disponible, il n'est pas praticable pour celles qui sont soumises à un disponible différent. Quand un étranger peut recevoir moitié et qu'un époux ne peut recevoir qu'un quart, il serait souverainement illégal de réduire l'un et l'autre d'après le disponible de moitié, aussi décide-t-on généralement que la réduction se fera proportionnellement jusqu'à concurrence du disponible le plus faible, et que l'excédant du disponible le plus fort sera réparti entre les divers légataires.

Vu :

TROLLEY.

Le Recteur,

DESROZIERS.

JUS ROMANUM.

DE DONATIONIBUS ANTE NUPTIAS VEL PROPTER NUPTIAS.

In primis temporibus, Romæ donationes inter virum et uxorem prohibebantur. Ratio autem invenitur in oratione inclyta cujus inter alia, hæc verba : *Majores nostri inter virum et uxorem donationes prohibuerunt, amorem honestum solis animis æstimantes, famæ etiam conjunctorum consulentes, ne concordia pretio conciliari videretur, neve melior in paupertatem incideret, deterior ditior fieret.* At hæc prohibitio ad eos qui conjuges adhuc non sunt, non extenditur, id est ad sponsos vel sponsas. Quod ad illos attinet qui sponsalia contrahere valent, pauca dixerim : tam puberes quam impuberes, ait Modestinus, si modo non sint minores quam septem annis. Quod si vero pure atque absolute, ulla sine nuptiarum mentione, quid datum fuerit, nullo casu repeti potuerit, nec perfectam donationem

rescindi, quam donantis voluntas jurisque auctoritas semel ratam
fecerit. Unde nequidem sponso ab hostibus postea interfecto, irrata
fieret.

Postea paulatim contrahentiam voluntatis interpretatione, omnem
inter sponsum sponsamque donationem tacitam in se habere futu-
rarum nuptiarum conditionem placuit, nec difficilis sano ratio habetur, nam donatio ista a singulari affectione præsumitur proficisci,
qua sponsam ut futuram uxorem sponsus complectitur, sine spe
matrimonii haud facile donaturus.

Ideo non subsecutis nuptiis repetitioni locus erit, ut ex Constan-
tini imperatoris constitutione videre promptum est; quod si sponsæ
causam matrimonii non contrahendi præbuerit tum sponso ejusque
hæredibus sine aliqua diminutione, data redhibeantur. Quæ simi-
liter observari oportet, si ex parte sponsæ in sponsum donatio facta
sit. Hoc tamen notandum non semper et in omni casu datorum
repetitionem fuisse concessam, ut ex supradicta lege fusius apparet.
Si enim per donatarium stetit quominus nuptiæ sequerentur, ei qui
dedit recte competeret condictio, causa data, causa non secuta. Quod
si per alterum, nihil erit repetendum. Plane si quid humanitus
contigisset, spe matrimonii sublata, omnimodo integre restitutio
fieret, nisi tamen rebus a sponso datis, osculum ante nuptias jam
intervenerit; tunc enim partem dimidiam tantum repetere licebit,
nam qui osculum accepit, quasi maritus habetur aut certe plusquam
maritus, et osculato delibata virgo censetur. Hæc ita prisco jure ob-
tinebant. Ejus autem nominis reformator fuit Justinianus. Illam
enim de qua nobis agendum est, donationem a solo sponso fieri
vocarique *propter nuptias* voluit, quia non tantum, ut olim matri-
monium antecedere sed etiam sequi potest. Jam ante Justinus impe-
rator, constante matrimonio, dotes simul ac donationem augeri
permiserat, quæ tamen ante nuptias nomen semper retinuerat.

Quam autem juris dispositionem emendans Justinianus, ut rem nec-
non appellationem ad eamdem consonantiam redigeret, proprie
propter nuptias vocari edixit.

Quo quidem posito, obscurior hic subjicitur quæstio, qua de causa
scilicet in uxorem maritus donationem propter nuptias conferret?
Non omnes in hoc consentiunt interpretes juris. Alii enim censue-
runt in majorem dotis securitatem constitui, quo plenius restitutio
firmaretur, et præcipue dos cautior sit. Sed parum est ut ita expla-
netur difficultas, nam utramque simul petere mulieri concessum
fuit cum maritus ad inopiam sit deductus. Alii contra existimave-
runt ad sustinenda matrimonii onera a viro allatam, sunt et dos ab
uxore; at illud respondendum, nihilominus maritum familiam alere
teneri, quanquam et defuerit huic potius sententiæ libenter assense-
rim, originem scilicet a repudiis trahere.

Sciendum est olim quasdam esse divortii pœnas, si perversis
uxorum moribus divortium fuerit pronunciatum, dotis amissione
partis mulier puniebatur : morum nomine quidem graviorum sexta.
id est adulterii causa, leviorum autem octava quod ad malos mariti
mores attinet, levioribus ad hic pœnis mulctabatur. Majores propter mores præsentem dotem reddit, in ea quæ a die reddi debet :
propter minores senum mensum die. Divortii pœnas coarctavit
Constantinus edicens mulierem quæ definitos præter casus, sine
causa a viro divertisset dotis amissione puniendam. Consonat et quod
ait Justinianus dotem, si filii non extiterint, lucrum fieri marito,
unde ut inter virum ac uxorem æqua adponderaretur conditio, in
usu versari cœpit mulieris causa donationem stipulari, repudii præ-
visione.

Divi Honorici constitutione cautum est, maritum donationis propter nuptias amissione plectendum, si uxori contemptā lege repudii
libellum miserit. Quod si mulier causam probaverit intentatam,

9

tum et dotem recuperare et ante nuptias donationem lucro habere conceditur.

Quinimo novella **22**, cap. XVIII, edix Justinianus : si quis uxorem duxerit, non secuta dote aut sponsalitia largitate aliud ad inventum esse, ut non ob hoc vir (quod in multis novimus factum) expellat domo uxorem sine ulla prius dictarum rationabilium causarum, quasque Theodosius enumeravit. Si quid autem tale fiat et sine causa eam abjiciat domo, aut etiam ipse rationabilem causam præstet, ut mulier separetur ab ejus matrimonio, quartam partem propriæ substantiæ cogatur ex solvere ei : Et si mulier per culpam propriam separetur a viro in dotata existens, eisdem in omnibus subjaceat pœnis.

Istud denuo annotaverim, si ita conjuges pacti essent, maritum, priore defuncta muliere, tantam ex parte lucraturum ; tantum quæque uxori ex ante nuptias donatione lucro cedere, si priorem maritum mori contigerit, id est, eamdem partem, non vero pecuniæ quantitatem. Hoc autem corrigens Justinianus, æqualia in dotibus esse et propter nuptias donationibus edixit et tantam quidem quantitatem conscribere virum, quantam et mulierem tantum quoque lucrum stipulari, et ex tanta parte, ex quanta voluerit, æqualis tamen mensuræ.

Ut ita demum, soluto matrimonio dos restituitur, sic et donatio propter nuptias ad maritum redire solet.

Num vero insinuatione indigeat, ad sui firmitatem ? Sæpe in hoc variatum fuit, olim, ut plenum robur habere diceretur, insinuanda erat ; sed istud corrigens Justinianus, eam per se valere voluit sive sub gestis monumentorum ejus insinuatio fieret, sive non, tam apud mulierem quam apud virum.

Quod postea iterum emendavit, necessitatem habere viros ipsos, in actis monumentorum, eam insinuare edicens, si modo quingentorum solidorum transcendit quantitatem. Quantum quidem ad partem mulieris, etiam non insinuatam valere : at ex parte viri contra, cum dotalium pacta ei actionem dotis parti concedunt, nullam competere, si insinuationem omiserit.

QUÆSTIONES.

1° An rei donatæ repetitio cum nuptiæ non subsecutæ fuerint admittitur?

Sic existimo.

2° Quomodo dos amittitur?

Per indignitatem mariti, cum divortium contra illum addictum fuerit, dotis amissione punietur.

3° Num vero insinuatio necessaria est, ad donationis validitatem?

Distinguo : donatio, si quingentis solidis major, insinuatione indiget, infirmanda est, si minor, firmanda.

Vu,

A. TROLLEY.

Le Recteur,

DESROZIERS.

www.ingramcontent.com/pod-product-compliance
Lightning Source LLC
Chambersburg PA
CBHW051248030726
47595CB00003B/1142